VERLAG ARTHUR MOEWIG

Wer hätte nicht Lust auf einen Bummel durch Amerika? Wenn nur die weite Reise nicht wäre! Einen „märchenhaften" Streifzug quer durch Nord- und Südamerika bietet dieser Band mit einer Auswahl der schönsten Märchen aus

Mexiko und Brasilien

Chile und Argentinien

Alaska und Kanada

und vielen anderen Ländern

DIE SCHÖNSTEN MÄRCHEN AUS AMERIKA

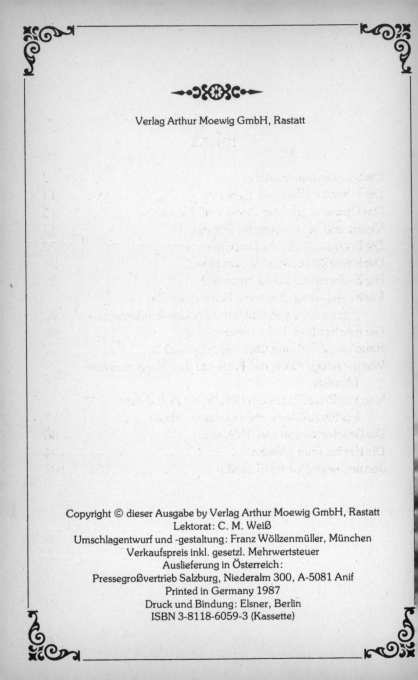

Verlag Arthur Moewig GmbH, Rastatt

Inhalt

Die Spinnenfrau (Kansas) 7

Die schlauen Wachteln (Arizona) 13

Das Opossum und der Präriewolf (Mexiko) 15

Verirrt und heimgefunden (Brasilien) 17

Die Bremse und der Fuchs (Chile) 20

Der kleine Ziegenreiter (Argentinien) 21

Die Zauberwurzeln (Südamerika) 23

Püchü Acháwall, das arme Hühnchen, das
    Marinamun genannt wurde (Indianermärchen) . . 43

Der rote Schwan (Indianermärchen) 48

Rauchende Gebeine (Indianermärchen) 57

Wie die heilige Gabe des Festes zu den Menschen kam
    (Alaska) 72

Von der Riesenmaus am Colville-Fluß und den
    beiden Brüdern, die sie töteten (Alaska) 79

Die Geschichte von „Wolf" (Alaska) 86

Die Karibu-Frau (Alaska) 94

Jon und seine Brüder (Kanada) 109

Die Spinnenfrau

Kansas

In einem Land wohnten einmal Menschen, die Büffel und Mais in Hülle und Fülle hatten und glücklich hätten leben können. Aber im Nordosten des Landes hauste die Spinnenfrau, die jeden Menschen, der in ihr Haus kam, vergiftete. Dem Toten schnitt sie stets den Kopf ab, den sie im Haus aufhängte, und den aufgeschlitzten Leib warf sie in den benachbarten Bach, so daß die Fische ihn fraßen. Aus dem Kopf entfernte sie das Gehirn und ließ es in der Sonne trocknen; die Ohren aber zog sie auf eine Schnur und ließ sie gleichfalls in der Sonne trocknen, so daß sie wie kleine Stückchen Kürbis aussahen.

So schwanden die Menschen dahin. Und als sich niemand mehr in die Nähe der Spinnenfrau wagte, kam sie selbst in die Dörfer, fing die Leute und schleppte sie nach Hause.

Da hatte der Hergott im Himmel Mitleid mit den Menschen und befahl der Sonne und dem Mond, ihre beiden Knaben hinabzusenden, damit sie das Volk von der Spinnenfrau befreiten. Dies geschah auch, und die zwei Brüder, die bereits kräftige und hübsche Jünglinge waren, zogen, bewaffnet mit Bogen und einem Köcher voller Pfeile, gegen die Spinnenfrau los.

Diese wußte, daß sie kamen; daher sandte sie ihnen

ihre Schlangen entgegen. Furcht ergriff die Brüder, als sie die Schlangen sahen, denn der Boden war ganz mit ihnen bedeckt, und mitten unter ihnen lag eine gewaltige Klapperschlange, die Anführerin aller übrigen. Aber der ältere der beiden spannte den Bogen und erschoß die Klapperschlange. Da krochen alle anderen Schlangen in ihre Höhlen und verschwanden.

Am nächsten Tag sahen sich die Jünglinge von Berglöwen angegriffen, die von der Spinnenfrau ausgesandt worden waren. Der jüngere Bruder hatte große Furcht, aber der ältere sprach ihm Mut zu, legte auf den größten Löwen an und tötete ihn. Da flohen die anderen in ihre Schlupfwinkel zurück.

Die Brüder wanderten weiter und stießen auf Bären, die die Spinnenfrau ihnen gleichfalls entgegengeschickt hatte. Aber sie erlegten sie wie die anderen Ungeheuer. Als die Spinnenfrau das hörte, rief sie: „Das müssen Wunderknaben sein!" Und als sie vor ihrem Haus ankamen, begrüßte sie sie schon von weitem.

„Liebe Knaben", sprach sie, „in den letzten paar Tagen habe ich schon Ausschau nach euch gehalten. Wie lange wart ihr auf der Reise hierher? Saht ihr keine wilden Tiere auf eurem Weg?" Als die Jünglinge bejahten, fragte sie, ob sie die Tiere getötet hätten. „Nein, wir waren schneller als sie", erwiderte der ältere Jüngling, „und sind an ihnen vorbeigekommen, ohne mit ihnen zusammenzustoßen." Die Alte unterdrückte ihren Ärger und sagte freundlich: „Das ist schön, daß ihr bis hierher gefunden habt."

Dann befahl sie den Mädchen, Feuer zu machen und zu kochen. Zu den Jünglingen sagte sie, sie habe etwas Mehlbrei für sie zum Essen. Sie führte sie ins Haus hinein. Da hingen ringsum menschliche Köpfe. Der ältere Bruder flüsterte dem jüngeren zu: „Was sie uns vorsetzen wird, sind

8

Menschengehirne." Dann gab er ihm ein Stückchen Wurzel, das er unterdes kauen sollte, und sprach: „Wenn sie uns die Schüssel reicht, mußt du nicht erschrecken." Sie aßen dann auch ruhig, während die Alte ihnen zusah und murmelte: „Was für hübsche Bübchen sind sie! Sie werden schöne Maissäcke abgeben. Ich werde ihnen die Köpfe abschneiden und dann die Körper aufblasen, so daß sie sich in Säcke verwandeln, die ich dann mit Körnern füllen und in meinem Haus aufstellen kann."

Nachdem die Jünglinge gegessen und die Schüssel zurückgegeben hatten, sagte die Alte zu sich: „Es dauert heute recht lange. Ich weiß nicht, warum mein Gift auf einmal so langsam wirkt. Sollte es vielleicht diesmal versagen?" Der ältere Jüngling sprach: „Wir werden jetzt einen Augenblick ins Gebüsch hinausgehen und gleich wiederkommen." Als sie draußen und außer Sicht der Alten waren, holte er einen kleinen Sack hervor, in dem zu Pulver zerriebene Wurzeln waren, machte ihn auf, stopfte dem jüngeren ein bißchen von dem Puder in die Nase und ließ es ihn einatmen. Sogleich begann dieser zu erbrechen, bis der Magen leer war. Der andere tat dasselbe. Dann kehrten sie zum Erstaunen der Alten in das Haus zurück.

„Es müssen Wunderknaben sein", dachte sie und befahl den Mädchen: „Kocht etwas von den getrockneten Kürbissen für die jungen Männer, sie müssen wieder Hunger haben." „Nein, nein!" riefen die Jünglinge. „Wir haben ja gerade gegessen." Aber die Spinnenfrau wollte nichts davon hören. Die angeblichen Kürbisse wurden gekocht und den Jünglingen vorgesetzt. Die Alte tat noch etwas zerriebene Wurzel in das Gericht. Der ältere Bruder verfuhr mit dem jüngeren wie zuvor, und beide gingen nach dem Essen hinaus, um wieder alles zu erbrechen.

Als sie zurückkamen, sagten sie zu der Alten, sie dächten, ihr Besuch hätte nun lange genug gedauert, und sie wollten jetzt weiterwandern. „Nein, nein!" wehrte sie ab. „Bleibt nur hier! Morgen wollen wir ein Fest feiern und tanzen." Die Jünglinge legten sich also schlafen, und die Alte schlug ihr Lager quer vor der Hüttentür auf, damit keiner entfliehen konnte.

Am nächsten Tag sprach die Spinnenfrau zu den Jünglingen: „Kommt hinaus mit mir und beteiligt euch an dem Tanz, den wir abhalten wollen. Ich werde den Gesang übernehmen, euch aber zugleich auch tanzen helfen." Dabei ging sie hinaus, um den Tanzplatz herzurichten. Unterdessen nahm der ältere einen anderen Sack mit Zaubermitteln her, rieb den ganzen Körper des jüngeren und seinen eigenen damit ein und sagte: „Jetzt hat sie wieder irgend etwas Schlimmes vor; wir müssen für alles, was kommt, gerüstet sein."

Die Spinnenfrau kam und meldete, daß alles bereit sei. Sie gingen hinaus und gelangten auf einen Platz, der an einer steilen Böschung lag. Hier, hart am Rande des Abgrundes, in dessen Tiefe ein Bach floß, stellte sie die Jünglinge auf; denn sie hoffte, sie würden, wenn sie sie im Kreis herumtanzen ließe, von Schwindel ergriffen werden, die steile Böschung hinabstürzen und umkommen. Dann begann sie mit dem Gesang. Sooft sie eine Pause machte, sagte sie bei sich: „Was es doch für hübsche Jungen sind! Wenn sie hinunterfallen, werde ich zum Bach hinabsteigen und ihnen in den Mund blasen, bis ihre Haut sich vom Fleisch löst; die Häute werde ich dann trocknen und mir daraus Säcke machen." Ihr Gesang aber lautete:

> *„Wolken mögen sich ballen!*
> *Schwarze Wolken! Kommt herbei!*
> *Schneesturm soll rasen,*
> *Froststarr werde die Welt!"*

Als sie von den Wolken zu singen begann, zogen sogleich von Norden Wolken heran; denn die Spinnenfrau hatte Macht über das kalte Wetter. Und als sie die schwarzen Wolken rief, waren diese gleich dicht über ihnen. Als sie den Schneesturm beschwor, begann es zu schneien, und der Wind fegte heran. Und als sie endlich vom Frost sang, schien alles in Frost zu erstarren.

Gleich zu Beginn des Gesanges begannen alle nach der Weise zu tanzen; aber den Jünglingen wurde nicht schwindlig. Sie verwandelten sich in Schneevögel und tanzten als solche umher, das Gesicht gen Norden gewandt.

Die Spinnenfrau sah nun ein, daß sie gegen die Jünglinge machtlos war. Alle ihre Gifte und sogar der Sturm hatten versagt. Daher sprach sie: „Kommt, wir gehen nach Hause, da wollen wir ein gutes Mahl einnehmen." Da erwiderten die Jünglinge: „Nein! Jetzt sind wir an der Reihe, jetzt wollen wir singen und mit dir tanzen!" – „Wie ihr wollt!" versetzte sie. „Macht aber den Tanz so kurz wie möglich, denn ich habe Hunger." Da begannen die Jünglinge zu singen:

> *„Sturm, geh vorüber!*
> *Wolken, ziehet fort!*
> *Sonne, unser Vater, scheine auf uns!"*

So geschah es auch. Der Sturm legte sich, die Sonne kam heraus und schien auf sie. Und die Brüder sangen, während die Spinnenfrau tanzte, weiter:

> *„Vater! Komm näher zu uns herab!*
> *Dein Haupt komme auf uns!"*

Die Sonne tat ihre Schuldigkeit, und es wurde so heiß, daß die Alte schließlich einen Sack hervorzog, um sich den Schweiß von der Stirn zu trocknen. Sie hielt inne und sagte: „Laßt uns heimgehen!" Die Jünglinge aber antworteten: „Wir wollen weiter tanzen." Und ihr dritter Sang lautete:

„Jetzt scheint unser Vater auf uns herab
mit all seiner Glut;
Die unsern Vater heißer machten,
mögen in Scharen herbeikommen!"

Während sie noch tanzten, sahen sie eine ganze Wolke Heuschrecken von der Sonne herabkommen. Die Alte flehte die Jünglinge an, sie sollten den Heuschrecken Halt gebieten, doch sie sangen weiter:

„Unser Vater, die Sonne, möge die Heuschrecken
wieder zu sich rufen und sie senden
Zu unsrer Mutter, dem Monde,
bei der diese Alte da in Zukunft wohnt."

Die Heuschrecken flogen herunter, und es wurden so viele unter den Füßen der Spinnenfrau, daß sie von ihnen emporgetragen wurde. Die jungen Männer fuhren fort zu singen, und die Alte versuchte vergebens, sie zum Aufhören zu bewegen. Höher und höher trugen sie die Heuschreckenscharen unter ihren Füßen, hinauf zum Himmel. Sie wollte sie zuerst mit ihrem Sack fortscheuchen, aber er war viel zu klein, so daß sie es schließlich mit ihren Kleidern versuchte, die sie auszog. Hierhin und dorthin sprang sie und schlug nach den summenden Heuschrecken, aber die Scharen waren so dicht, daß sie nicht Raum gaben und, während die Brüder ihre Zauberlieder weitersangen, mit der alten Frau am Himmel verschwanden.

Sie trugen sie in die Nähe der Sonne; aber die war so heiß, daß sie die Alte nicht bis zu ihr hinbringen konnten. Daher änderten sie die Richtung ihres Fluges. Die Spinnenfrau war jetzt ganz still geworden. Die Heuschrecken aber erreichten den Mond und setzten sie auf ihm ab. Wenn Vollmond ist, kann man sie noch heute dort sehen; sie schleppt ihre Kleider hinter sich her, die als lange Schatten zu ihren Füßen sichtbar sind.

12

Die schlauen Wachteln

Arizona

Einst kam eine Schar Wachteln an einem schlafenden Präriewolf vorbei. Sie schnitten ihm Stücke von seinem Fett ab und flogen davon. Gerade als sie das Fleisch kochten, holte er sie ein und rief: „Woher habt ihr denn das schöne Fett? Gebt mir doch etwas davon!" Sie gaben ihm ein paar Stücke; er schmauste nach Herzenslust und ging dann wieder fort.

Er war noch nicht weit gekommen, als die Wachteln hinter ihm herriefen: „Wolf, du hast ja dein eigenes Fleisch gegessen." – „Was sagt ihr?" fragte er. – „Nichts! Wir hörten nur jemanden hinter den Bergen schreien", erwiderten sie. Gleich darauf aber riefen sie von neuem: „Wolf, du hast ja dein eigenes Fleisch gegessen." – „Was?" fragte er. – „Nichts! Wir hörten nur jemanden den Mörser stampfen", sprachen die Wachteln.

Der Präriewolf ging weiter; dabei bemerkte er seinen Verlust und begriff nun, was die Wachteln gemeint hatten. Da schwor er, sie zu fressen, und kehrte sogleich um. Die Wachteln flogen dicht über der Erde, der Wolf lief unter ihnen her und konnte keine erhaschen. Die Wachteln wurden endlich müde, der Wolf aber nicht, denn er war zornig und spürte daher keine Erschöpfung.

Die Wachteln kamen zu einem Erdloch. Da ergriff die Schlaueste aus der Schar einen Kaktuszweig mit dem Schnabel und zog ihn hinter sich in das Erdloch hinein; alle anderen schlüpften hinter ihr her. Der Wolf scharrte mit beiden Pfoten das Loch auf. Als er auf die erste Wachtel stieß, fragte er: „Warst du es, die zu mir sagte, ich hätte mein eigenes Fleisch gegessen?" – „Nein!" erwiderte sie; da ließ er sie fliegen. Bei der nächsten fragte er dasselbe und bekam die gleicht Antwort; auch sie ließ er fliegen.

So ging es weiter, bis die letzte Wachtel davongeflogen war und er an den Kaktuszweig kam. Dieser hing so voll Federn, daß er selbst wie eine Wachtel aussah. Daher stellte der Wolf wieder dieselbe Frage. Als er aber keine Antwort erhielt, rief er: „Nun weiß ich, du warst es, denn du antwortest nicht", und biß so kräftig in den Kaktus, daß der umfiel und tot war.

Das Opossum und der Präriewolf

Mexiko

Einmal hatte ein Landmann frische Saat auf seinem Acker ausgeworfen. Da kam jeden Tag das Opossum und fraß von den Körnern. Als der Landmann den Schaden bemerkte, lauerte er dem Tier auf und fing es. Er band es mit einem Strick und ging dann fort, um Holz zu holen. Denn er wollte das Opossum an Ort und Stelle verbrennen.

Wie nun das arme Tier traurig dalag und an das grausige Ende dachte, kam der Präriewolf des Weges und fragte: „Was tust du da, Opossum?"

Da antwortete es ihm: „Ich muß hier warten. Der Feldbesitzer hat mich angebunden, damit ich ihm nicht davonlaufe. Er will mich nämlich mit einer seiner Töchter verheiraten, und ich habe noch Bedenken, obwohl eine reiche Mitgift zu erwarten ist. Nun ist er heimgegangen, um die Tochter herzuholen."

Darauf fragte der dumme Präriewolf: „Würde er auch mir seine Tochter geben, wenn ich an deiner Stelle wäre?"

„Natürlich!" beeilte sich das Opossum zu erwidern. „Das wird er sicher tun, wenn er dich hier festgebunden findet. Binde mich los, und ich werde dich festbinden!"

Da band der Präriewolf das Opossum los und ließ sich von diesem fesseln. Das Opossum sprach noch: „Ich wünsche dir viel Glück zur Vermählung!" Dann rannte es lachend davon.

Der Präriewolf lag erwartungsvoll da. Nach einer Weile sah er den Landmann, begleitet von einem zweiten Mann, daherkommen. „Nun, wo bleibt denn meine Braut, die Tochter?" dachte der Wolf. Da bemerkte er, daß diese Männer Holz trugen, und auf einmal hörte er mit seinen feinen Ohren, wie der eine zum anderen sagte: „Das Fett wird prasseln, wenn wir ihn jetzt verbrennen."

Erst jetzt erkannte der Präriewolf, daß ihn das Opossum hereingelegt hatte und daß es nun um sein Leben ging. Verzweifelt zerrte er an dem Strick und drehte sich hin und her. Und als die Männer schon ganz nahe waren, nahm er alle Kraft zusammen, zerriß den Strick und entfloh.

Die Männer aber machten verdutzte Gesichter, als sie an Stelle des Opossums den Präriewolf davonlaufen sahen.

Verirrt und heimgefunden

Brasilien

Einmal ging eine Mutter mit ihrem Knaben in die Pflanzung. Während sie Maniokwurzeln ausriß, schoß der Knabe am Waldrand nach Vögeln. Ein Ziegenmelker flog vor ihm auf und setzte sich ein Stückchen weiter nieder. Der Knabe schoß einen Pfeil nach ihm ab, der aber nicht traf. Der Vogel flog darauf wieder ein Stück weiter und wartete. Der Knabe lief ihm nach und schoß zum zweitenmal, ohne zu treffen, worauf der Vogel wieder ein Stück weiterflog. So verfolgte der Knabe vergebens seine Beute weit in den Wald hinein, bis der Ziegenmelker schließlich aufflog und zwischen den Bäumen verschwand.

Der Knabe sah nun, daß er sich zu weit von der Pflanzung seiner Mutter entfernt hatte. Er lief durch den Wald zurück. Bald darauf stand er am Ufer eines großen Stromes. „Wie kommt es denn, daß ich hier einen Strom antreffe, der auf dem Hinweg gar nicht vorhanden war?" dachte der Knabe. „Das hat mir der verwünschte Vogel angetan!" Er ging nun am Ufer auf und ab und schlief schließlich im Wald. So irrte er tagelang zwecklos an dem Fluß umher.

Eines Tages hörte er einen Specht schreien. „Wenn ich doch fliegen könnte wie ein Specht", sagte der Knabe zu sich selbst, „so würde ich gleich an das andere Ufer fliegen!" Und dann setzte er hinzu: „Wenn der Specht wie ein Mensch wäre, so würde ich ihn bitten, mich hinüberzutragen."

17

Da kam der Specht geflogen, setzte sich dicht vor ihm auf einen Baum und fragte: „Was hast du gesagt?" Der Knabe wiederholte seine Bitte. Da wurde der Specht riesengroß und sprach: „Setze dich auf meinen Rücken, ich werde dich hinübertragen!" Der Knabe tat es mit Freuden, als aber der Specht in seiner Art zu fliegen begann — zuerst sich fast zu Boden fallen lassend und dann wieder jäh aufsteigend —, wurde dem Knaben angst und bange und er bat den Specht, ihn wieder abzusetzen. So blieb er wieder am Ufer zurück.

Da sah er einen mächtigen Alligator mitten im Fluß auftauchen und das Wasser mit seinem Schweif schlagen. „Wenn der mich hinüberbringen wollte!" sprach der Knabe. Da schwamm der Alligator heran und fragte ihn, was er wolle. Der Knabe brachte seine Bitte vor, und der Alligator hieß ihn auf seinem Rücken Platz nehmen. Dann schwamm er mit ihm dem anderen Ufer zu. Als sie in der Mitte des Stromes angekommen waren, befahl der Alligator dem Knaben: „Jetzt sollst du mir alle Schimpfnamen geben, die du kennst!" Der Knabe wollte es aber nicht tun, denn er wußte, daß ihn der Alligator dann fressen würde. So kamen sie dem Ufer näher, und schließlich sprang der Knabe mit einem Satz ans Land und entfloh.

Er lief, verfolgt von dem Alligator, in den Wald hinein und kam an eine Lagune. Da stand der Reiher und fischte. „Warum rennst du denn so?" fragte er den Knaben. „Ich fliehe vor dem Alligator, der mich verfolgt und fressen will", antwortete dieser. — „Komm her!" sprach der Reiher. „Ich werde dich in meinem Fischnetz verstecken." Mit dem Fischnetz aber meinte er seinen Kropf. Er spie vier Fische aus, die er im Kropf hatte, verschluckte den Knaben und dann wieder die vier Fische. Da kam auch schon der Alligator daher und fragte den Reiher, wo der Knabe hingegangen sei. Der Reiher bestritt, daß der Knabe bei ihm vorbeigekommen sei, aber der Alligator bestand darauf, weil die Spur genau bis zu dem Platz führte. „Gewiß hast du ihn verschluckt", sprach er, „laß sehen, was du in deinem Kropf hast!" – „Ich habe nur vier Fische gefangen", antwortete der Reiher und spie die Fische aus. „Da sind sie." Nun konnte der Alligator nichts mehr einwenden und kehrte um. Der Reiher ließ dann den Knaben wieder aus seinem Kropf heraus.

Der Knabe ging weiter und kam auf einen breiten Weg. „Das ist der Weg zu meinem Dorf", dachte er; es war aber der Weg der Wildschweine. Als er ihn weiter verfolgte, kam er zur Wohnung der Wildschweine. Sie fragten ihn, woher er komme, und er berichtete ihnen die Geschichte seiner Irrfahrt. Da luden ihn die Wildschweine ein, bei ihnen zu bleiben. Sie hatten alle ihre Tierhäute an, die sie aber zu Hause ablegten, um Menschengestalt anzunehmen. Der Knabe erhielt auch eine Tierhaut, damit er sich in ein Wildschwein verwandeln konnte, und blieb nun lange Zeit bei diesen Tieren.

Eines Tages beschlossen die Wildschweine, eine Pflanzung aufzusuchen, um Maniok und andere Knollenfrüchte zu stehlen. Am folgenden Tag machten sie ihre Körbe zurecht und gingen zu einer Pflanzung. Während die anderen die Erde nach den Wurzeln umwühlten, ging der Knabe umher. Plötzlich blieb er vor einem umgestürzten Baum stehen und sprach: „War es nicht hier an diesem Baum, wo meine Mutter ihren Korb hinstellte an jenem Tag, als ich den Vogel verfolgte und mich im Wald verlor? Das ist ja die Pflanzung meiner Mutter!" Da zog er die Tierhaut aus und versteckte sich. Die Wildschweine machten ihre Lasten fertig und gingen fort. Er blieb allein bei dem Baum zurück.

Nach einer Weile sah er seine Mutter kommen. Sie stellte ihren Korb an der gewohnten Stelle ab, und als sie sich umdrehte, erblickte sie ihren Sohn. Da weinte sie vor Freude, aber auch er weinte und war froh, daß er wieder bei seiner Mutter und unter Menschen war.

Die Bremse und der Fuchs

Chile

Eines Tages sagte der Fuchs zu der Bremse: „Lieber Freund, wir wollen spielen!" – „Gut!" antwortete diese. „Was wollen wir spielen?" – „Wir wollen miteinander um die Wette laufen", sagte der Fuchs, „jene Eiche dort wollen wir als Ziel nehmen." – „Gut!" sagte die Bremse.

Sie stellten sich also auf. Als aber der Fuchs gerade losrennen wollte, setzte die Bremse sich ihm auf den Schwanz. Der Fuchs rannte, so schnell er konnte. Auf dem Weg sah er einige Erdbeeren. „Die arme Bremse ist ohnehin noch weit hinten und wird mich nicht mehr einholen", dachte er, „ich will mich hier ein bißchen niederlassen und Erdbeeren essen." Als er sich gesättigt hatte, eilte er weiter. Aber kurz vor dem Ziel erhob sich die Bremse von seinem Schwanz und surrte pfeilschnell auf die Eiche zu, wo sie auch früher als der verdutzte Fuchs ankam.

„Ich habe gewonnen", sagte die Bremse, „und du mußt mir jetzt die Wette auszahlen!" – „Fällt mir gar nicht ein!" erwiderte der Fuchs. „Sei froh, daß ich dich nicht fresse!"

Da rief die Bremse ihre Genossen zusammen. Sie kamen in Scharen, stürzten sich auf den Fuchs und bissen ihn. Er sprang in ein Wasser, aber sie ließen sich nicht abschütteln. Nun rannte er heulend in den Wald, aber bevor er ihn erreichte, fiel er um, von den vielen und vielen Stichen der Bremsen zu Tode gestochen.

Der kleine Ziegenreiter

Argentinien

Es war einmal eine alte Hexe, die wohnte auf einem Berg, an dem die Leute nicht vorübergehen konnten. Denn wer auf den Berg hinaufblickte, den zauberte die Hexe in einen großen Sack hinein, in dem er kläglich zugrunde ging.

Zu der Zeit lebte in einem Dorf ein kleiner Knabe. Der sagte: „Ich will zu dem Berg der alten Hexe gehen und nicht nach oben sehen, wenn sie mich auch ruft." Er sattelte sich eine Ziege statt eines Pferdes und machte sich auf den Weg. Als er zu dem Berg kam, rief die Hexe: „Kleiner Ziegenreiter, kleiner Ziegenreiter, komm doch herauf zu mir!" Er aber blickte nicht auf. „Schau doch hierher, kleiner Ziegenreiter!" rief die Hexe abermals. Der Knabe jedoch tat es nicht, sondern sagte: „Blick doch du hierher nach unten!" Unbedacht tat dies die Hexe und stürzte plötzlich herunter, ganz tief in die Erde hinein, so daß nur das eine Bein herausguckte. Daran band der Knabe einen geflochtenen Lasso, dessen anderes Ende er am Sattelgurt befestigte. Dann stieg er auf sein Reittier und ritt, bis er die Hexe ganz aus dem Boden herausgezogen hatte. Nun sah er erst, daß sie einen Kopf aus Eisen hatte. Er band sie an seinem Sattelriemen fest und galoppierte auf der Ziege nach Hause.

Von dieser Heldentat erfuhr der König und ließ den Knaben rufen. „Wie hast du das fertig gebracht, die alte Hexe zu töten?" fragte der König. „Ich tötete sie, weil Gott es so wollte", antwortete der kleine Mann. Da sagte der König zu ihm: „In meinem Reich gibt es einen wilden Stier mit goldenen Hörnern. Wenn du diesen tötest und das ganze Land von der schrecklichen Plage befreist, bekommst du mein Reich als mein Thronfolger!" – „Ist schon recht!" erwiderte der Knabe. Er ging nach Hause, sattelte wieder seine Ziege wie ein Pferd, band den Lasso an den Sattelriemen und ritt los. Als er in die Gegend kam, in der das Untier hauste, rief er: „Wo ist der Stier mit den goldenen Hörnern?" – „Hier gerade vor dir!" brüllte es. Er ritt also darauf los und traf den Stier, der wütend auf die Erde stampfte und dann gleich auf ihn losstürmte. Unser Knabe aber nahm flink seinen Lasso, warf ihn geschickt und fing den Stier. Dann tötete er den Stier, schnitt ihm die goldenen Hörner ab und nahm sie mit zum König.

Dieser staunte über den Mut und die Kraft des kleinen Ziegenreiters und setzte ihn zu seinem Erben ein.

Die Zauberwurzeln

Südamerika

Ein Junge namens Maemba lebte mit seinem Großvater zusammen. Täglich ging Maemba zu einer alten Frau, um für sie zu arbeiten.

Eines Morgens stand die alte Frau schon an der Tür und hielt nach ihm Ausschau, als er bei ihrem Haus ankam.

„Maemba, heute bekomme ich Besuch von drei Damen", sagte sie. „Feg alle Räume aus, wasch das Geschirr ab, back einen Kuchen, deck den Tisch und sorg dafür, daß alles in schönster Ordnung ist, wenn sie ankommen."

Dann machte sie sich auf den Weg zum Markt, und Maemba begann mit Lust und Liebe zu arbeiten. Gegen Mittag war er mit allem fertig. Die Fußböden waren blitzblank gekehrt, das Geschirr war sauber, der Tisch war gedeckt, das Feuer prasselte lustig, das Wasser im Kessel war heiß. Nun brauchte er nur noch den Kaffee aufzubrühen, doch die alte Dame war noch nicht vom Markt zurückgekehrt, und auch ihr Besuch war noch nicht erschienen.

Da nun Maemba nichts mehr zu tun hatte, setzte er sich auf die oberste Stufe der Treppe vor dem Haus, um das Eintreffen der drei Damen abzuwarten.

Er war noch nicht lange so dagesessen, als drei große Katzen die Stufen heraufgelaufen kamen. Maemba versuchte sie zu verscheuchen, doch sie sausten fauchend und kratzend an ihm vorbei. Da ergriff Maemba einen Besen und versetzte jeder Katze mit dem Besenstiel einen Klaps, worauf sie miauend davonliefen. Maemba hockte sich wieder hin, um auf die Gäste zu warten.

Er wartete eine lange Zeit. Es war sehr heiß und ringsum sehr still. Maemba gähnte, schloß die Augen, riß sie wieder auf und gähnte erneut. Er war schon fast eingeschlafen, als die alte Dame, seine Herrin, geschäftig vom Markt nach Hause kam.

„Nun, Maemba, sind die Damen gekommen?"

„Nein, Ma'am, bisher ist noch niemand aufgetaucht."

„Sehr merkwürdig", sagte die alte Dame. „Es ist schon lange nach ihrer üblichen Besuchszeit. Der Gedanke war mir sehr unangenehm, daß ich vielleicht nicht rechtzeitig zu Hause wäre, um sie zu begrüßen. Darum habe ich mich so beeilt, daß ich ganz außer Atem geriet. Und das alles anscheinend für nichts und wieder nichts. Na ja, komm herein, mein Junge. Wir werden eben unseren Kaffee ohne sie trinken müssen..."

Als Maemba am Abend nach Hause kam, erzählte er seinem Großvater von den drei Damen, die nicht gekommen waren, und auch von den drei großen Katzen.

Der alte Mann schüttelte den Kopf, sagte aber nichts.

Als Maemba am nächsten Morgen wie üblich zum Haus der alten Dame ging, stand ein Polizist vor der Tür.

„Junge, du hast drei Damen mit einem Besenstiel geschlagen."

„Aber nein, bestimmt nicht. Ich habe gar keine Damen gesehen."

„Junge, mit Lügen kommst du überhaupt nicht weiter. Ich nehme dich jetzt mit."

Der Polizist packte Maemba am Arm und führte ihn ins Gefängnis.

Maemba verbrachte den ganzen Tag und die folgende Nacht in einer Zelle. Am Morgen darauf wurde er in den Gerichtssaal gebracht, wo schon drei Damen saßen, deren Köpfe einen großen Verband trugen.

„Nun, mein Junge, dies ist *dein* Werk", sagte der Richter.

„Aber ich kenne diese Damen doch gar nicht", entgegnete Maemba verwirrt.

Darauf wandte sich der Richter an die drei Damen. „Ist dies der Junge, der euch geschlagen hat?" fragte er.

„Ja, ja, ja, wir beschwören es", riefen die drei Damen.

„Könnt ihr das beschwören?"

„Ja, ja, ja, wir beschwören es", riefen die drei Damen.

Der Richter ließ Maemba wieder ins Gefängnis zurückschaffen und erklärte ihm, daß er gehängt werden würde, falls er sein Verbrechen nicht eingestehe.

Als Maembas Großvater davon erfuhr, eilte er zum Richter und behauptete, daß er etwas Wichtiges zu erzählen habe.

„Nun, was wollt Ihr mir erzählen, Alter?" fragte der Richter, der ein sehr freundlicher Mann war.

„Sir, ich glaube, daß mein Enkel die drei Damen schlug und sie aber auch nicht schlug."

„Alter Mann, was faselt Ihr daher? Entweder hat er sie geschlagen, oder aber nicht."

Daraufhin berichtete der Großvater dem Richter von den drei Katzen.

„Das klingt ja höchst merkwürdig", erwiderte der Richter.

Er schickte nach einem Priester.

Der Priester nahm ein Fläschchen Weihwasser und eilte mir dem Richter zum Haus von Maembas Herrin. Dort setzten sie sich in die Küche und warteten. Sie warteten und warteten den ganzen Nachmittag und Abend. Sie warteten sogar bis Mitternacht. Gerade als sie die Warterei aufgeben wollten, hörten sie Katzen vor der Haustür miauen. Der Priester öffnete die Tür, worauf drei Katzen in die Küche rannten. Dort begannen sie zu schnurren und sich genüßlich an den Möbeln zu reiben. Rasch machte der Priester die Flasche mit Weihwasser auf und schüttete über jeder Katze ein ordentliches Quantum aus.

Was geschah? Die drei Katzen verschwanden, und statt dessen standen die drei Damen da. Jede von ihnen war pitschnaß und wutentbrannt.

„Aha! Ihr seid also Hexen", sagte der Richter. „Das habe ich fast schon vermutet, und siehe da, ich habe recht. Macht, daß ihr wegkommt, und verschwindet noch vor Tagesanbruch aus der Stadt. Wenn ich euch je wieder in der Stadt erwische, sei es in Form von Katzen oder Damen, dann lasse ich euch hängen, so wahr ich lebe."

Die drei Frauen stießen schrille Entsetzensschreie aus und hasteten davon. Niemand bekam sie je wieder zu Gesicht.

Natürlich wurde Maemba sofort aus dem Gefängnis entlassen. Seine Herrin vergoß seinetwegen Tränen und gab ihm einen extra Wochenlohn.

Am nächsten Morgen sagte Maemba zu seinem Großvater: „Großpapa, ich will nicht mehr hierbleiben, sondern in die Welt hinaus."

Und sein Großvater erwiderte: „Gut, mein Junge. Es ist gleichgültig, wo wir leben. Wenn du fort willst, komme ich mit dir."

Also packten sie ihre wenigen Habseligkeiten auf einen Handkarren und marschierten los. Sie gingen, gingen, gingen und schoben den Handkarren vor sich her, bis sie schließlich zum Meer kamen. Dort verkauften sie den Karren samt Inhalt und buchten eine Schiffsreise. Dann segelten sie mit dem Schiff, bis sie im Hafen einer großen Stadt in Afrika vor Anker gingen. Maemba schaute sich aufmerksam um. „Großpapa, hier gefällt es mir", sagte er.

„Wenn es dir hier gefällt, mein Enkel, dann wollen wir hier bleiben, vorausgesetzt, wir können uns hier unser Brot verdienen", sagte der alte Mann.

„Vielleicht gibt es im Palast des Königs Arbeit für uns", sagte Maemba. „Ich werde mal dorthin gehen und mich erkundigen."

Maemba ging zum Palast, und tatsächlich gab es für beide eine Anstellung in den königlichen Stallungen. Maemba half dabei, die Pferde zu versorgen und zu striegeln, während der Großvater die Aufgabe hatte, den Pferden ihre Portion Hafer und Kleie zuzumessen und dafür zu sorgen, daß die Wassereimer immer gut gefüllt waren. Beide fühlten sich zufrieden und glücklich.

Eines Tages wurde der König krank. Ein Arzt wurde herbeigeholt, dem viele weitere folgten. Aber keiner von ihnen konnte den König heilen. Schließlich kam ein weiser alter Doktor ans Krankenbett und sagte: „Für diese Krankheit gibt es nur ein einziges Heilmittel, und das ist die Zauberwurzel."

„Aber wo kann man diese Zauberwurzel finden?" wurde er gefragt.

„Oh, wenn ich das wüßte, hätte ich es schon längst zu einem großen Vermögen gebracht", sagte der weise alte Doktor.

Natürlich begannen nun alle nach der Zauberwurzel zu forschen, doch keiner konnte sie entdecken. Viele Leute behaupteten, sie gefunden zu haben, und brachten alle möglichen Wurzeln in den Palast. Es war fast ein Wunder, daß der König nicht vergiftet wurde, denn keine der Wurzeln war die richtige. Die Krankheit des Königs verschlimmerte sich immer mehr. Daraufhin ließ er überall ausrufen, daß, wer die richtige Wurzel fände und den König von seinem Leiden kuriere, die einzige Tochter des Königs zur Frau bekäme.

Maemba sagte nachdenklich zu seinem Großvater: „Großpapa, sollen wir uns auf die Suche nach dieser Zauberwurzel machen?"

„Sohn meines Sohnes, mir ist es überall recht, wo wir sind", sagte der Großvater. „Also laß uns aufbrechen und die Wurzel suchen."

Und somit machten sie sich auf den Weg. Sie gingen und gingen. Sie gingen viele Tage lang und kamen endlich zu einem kleinen Dorf. Inzwischen war der Großvater sehr erschöpft und sagte zu Maemba: „Sohn meines Sohnes, meine alten Füße wollen mich nicht länger tragen. Ich werde hierbleiben, und du kannst allein weitergehen. Im Traum habe ich erfahren, daß ich dir zu drei Dingen raten soll, von drei Dingen dagegen abraten soll. Trau einem Hasen, einer Dattelpalme und einem alten Mann. Mißtraue einem Apfelbaum, einer alten Frau und einem Schwein. Und nun geh mit meinem Segen!"

Maemba sagte seinem Großvater Lebewohl und wanderte allein weiter.

Er ging und ging. Nachdem er eine öde Steppe mit steinigem Boden und vertrocknetem Gras durchquert hatte, kam er in ein kleines grünes Tal am Fuß einer Bergkette. Er war halbverdurstet und suchte nach einer Quelle. Schließlich fand er eine, die mit einem schweren Stein zugedeckt war. Neben diesem Stein kauerte ein Hase.

„Junge, gib mir zu trinken oder ich sterbe", japste der Hase.

Maemba rollte den Stein beiseite, schöpfte mit der Hand Wasser heraus und gab dem Hasen zu trinken. Dann tauchte er die Hände wieder in das klare Wasser und trank selbst.

Der Hase sagte: „Du bist ein guter Junge, denn du gabst mir zu trinken, bevor du selbst getrunken hast, obwohl auch du sehr durstig warst. Du hast mir das Leben gerettet. Wie du mir geholfen hast, so will auch ich dir helfen. Ich weiß, was du suchst, Junge. Du suchst die Zauberwurzel. Und ich weiß, wo du sie findest. Du mußt diese Bergkette übersteigen. Auf der anderen Seite wirst du auf einen Weg stoßen, der nach Westen führt. Folge diesem Weg, bis du zu einem Garten kommst, der von einer hohen Mauer umgeben ist, die viel zu hoch ist, als daß man hinüberklettern könnte. Geh um diese Mauer herum, bis du über ihrem Rand eine Palme erblickst. Diese Palme wird dir über die Mauer hinweg in den Garten helfen. Und in diesem Garten wirst du die Zauberwurzeln finden. Sie wachsen unter einem Apfelbaum. Nun aber adieu! Falls ich dir nochmals helfen kann, werde ich es bestimmt tun."

Damit rannte der Hase davon, und Maemba wanderte weiter. Er kam zu den Bergen und begann hinaufzuklettern. Sie waren so hoch, daß ihre Spitzen über den Wolken waren. Als Maemba auf der anderen Seite hinunterkletterte, fühlte er sich mehr tot als lebendig. Doch gleich traf er auf den Weg, der nach Westen führte, genau wie es ihm der Hase gesagt hatte. Nach einer kurzen Rast ging Maemba den Weg weiter und kam schließlich zu dem von einer hohen Mauer umgebenen Garten. Die Mauer war glatt und hoch, ohne Risse oder Spalten, wo man mit den Fußspitzen hätte Halt finden können… Doch ein Stückchen weiter sah Maemba die Palme. Diese Dattelpalme beugte sich über die Mauer herüber, und Maemba bekam die großen Blätter zu fassen. Die Palme machte einen Ruck und schwang wieder hoch. Und schon war Maemba über die Mauer hinüber und stand im Garten. Maemba erinnerte sich an die Worte seines Großvaters: „Traue einem alten Mann, einem Hasen und einer

Dattelpalme." Den alten Mann hatte er zwar noch nicht getroffen, aber der Hase und die Dattelpalme hatten ihm gute Dienste geleistet.

Er begann den Garten zu durchsuchen. Zwar wußte er nicht, wie die Zauberwurzeln aussehen sollten, aber er wußte, daß sie nicht unter den Pflanzen sein konnten, die er ringsum sah, weil er die alle gut kannte. Schließlich kam er bei seiner Suche zu einem Apfelbaum. Und unter diesem Apfelbaum wuchsen seltsam fremdartige Pflanzen mit kupferfarbenen Blättern und milchweißen Blüten, die ihre Blütenblätter steil aufgerichtet und derart zusammengeschlossen hatten, daß sie wie betende Hände wirkten.

Oh, gewiß waren dies die Zauberwurzeln! Maemba bückte sich, um eine Pflanze herauszuziehen, doch da stieß der Apfelbaum einen Schrei aus. „Junge, wenn du die Zauberwurzel suchst, bist du hier an der falschen Stelle. Du mußt zur Mitte des Gartens gehen. Dort gibt es einen Springbrunnen, und daneben wächst die Zauberwurzel. Du kannst dich gar nicht irren, sie hat schwarze Blüten und rote Stengel."

Maemba bedankte sich bei dem Apfelbaum und ging zur Mitte des Gartens. Tatsächlich, dort gab es einen Springbrunnen, und daneben saß eine alte Frau. Maemba begrüßte sie: „Liebes Großmütterchen, wächst hier die Zauberwurzel?"

„Ja, hier wachsen einige Zauberwurzeln", sagte die alte Frau. „Aber jetzt in der Dämmerung schließen sie ihre Blüten und rollen ihre Blätter ein und sind daher sehr schwer zu erkennen. Komm mit, Junge. Du kannst die Nacht in meinem Haus verbringen und morgen früh ein oder zwei Zauberwurzeln ausgraben und mitnehmen."

Maemba war sehr, sehr müde und hatte großen Hunger. Also dankte er der alten Frau und folgte ihr zu einem kleinen Haus am hinteren Ende des Gartens. Er setzte sich in eine Ecke in der Küche und schaute ihr zu, während sie eine

Suppe kochte. Sie streute alle möglichen Sorten von Kräutern in den Suppentopf. Dazu gehörte auch ein Kräuterlein, das einschläfert. Kaum hatte Maemba die Suppe gegessen, als ihm der Kopf nach vorne fiel. Seine Augen schlossen sich, und er war im nächsten Moment fest eingeschlafen.

Oh, warum hatte sich Maemba bloß nicht an die Worte seines Großvaters erinnert! „Mißtrau einem Apfelbaum, einer alten Frau und einem Schwein."

Sobald die alte Frau sah, daß Maemba tief schlief, rannte sie zu dem Zauberer, dem dieser Garten gehörte. Dieser Zauberer war furchtbar häßlich. Er saß in einem Sessel und hatte eine Kristallkugel zwischen den Knien. In diese Kugel starrte er hinein, um zu beobachten, was in der Welt vor sich ging. Wenn er mit ansah, wie etwas Gutes passierte, verzerrte sich sein Gesicht. Passierte etwas Übles, lachte er laut auf. Die alte Frau hatte ziemliche Angst vor ihm. Sie stellte sich schüchtern neben ihn und räusperte sich: „Hm! Hm!", bis er geruhte, sie endlich zu bemerken. Finster runzelte er die Stirn und fragte: „Nun, nun, was, was?"

„Ein Junge ist gekommen, um eine Zauberwurzel zu stehlen", berichtete die alte Frau. „Ich dachte mir, daß Ihr ihn vielleicht gern zum Frühstück hättet."

„Ist er jung, hat er zartes Fleisch?" fragte der Zauberer und leckte sich die Lippen.

„O ja, sehr jung und sehr zart", sagte die alte Frau.

Der Zauberer legte die Kristallkugel zur Seite und begleitete die alte Frau zu ihrem kleinen Haus. Dort hatte Maemba die Arme auf den Tisch gelegt, den Kopf auf die Arme geschmiegt und schlief selig. Der Zauberer fesselte Maemba mit vielen Stricken, schleppte ihn zu seinem eigenen Haus und sperrte ihn in den Keller. „Morgen früh werden wir ihn gleich kochen", sagte der Zauberer. „Du sollst auch ein Bein von ihm zum Frühstück kriegen, alte Frau. Aber jetzt verschwinde, denn ich habe viel zu tun."

Die alte Frau ging weg, und der Zauberer wandte seine Aufmerksamkeit wieder der Kristallkugel zu.

Nun hatte der Zauberer aber einen alten Diener, der herzensgut war. Er diente nur deshalb dem Zauberer, weil dieser einen Zauberbann über ihn verhängt hatte. Als der alte Diener merkte, daß der Zauberer wieder ganz in die Betrachtung der Kristallkugel vertieft war, nahm er ein Messer und stieg in den Keller hinunter. Dort zerschnitt er die Seile, mit denen Maemba gefesselt war, und schüttelte und rüttelte ihn so lange, bis er endlich aufwachte. Maemba begriff überhaupt nicht, wo er eigentlich war. Er gähnte und schaute den alten Diener entgeistert an. Darauf flüsterte der alte Mann ihm zu: „Du mußt hier raus, mein Junge, und zwar möglichst rasch, sonst wird dich mein Herr, der Zauberer, töten und aufessen. Komm, ich werde dich durch den Hintereingang hinausführen. Lauf dann zum Apfelbaum hinüber, grabe eine Zauberwurzel aus und verschwinde damit noch vor Tagesanbruch über die Mauer. Rasch, beeil dich! Rasch!"

Der alte Diener führte Maemba aus dem Keller eine wacklige Stiege hinauf, dann einen engen Gang entlang und schließlich durch die Hintertür hinaus. Maemba rannte schnell zu dem Apfelbaum hinüber. Im hellen Mondlicht konnte Maemba die Zauberwurzeln mit ihren kupferfarbigen Blättern sehen, die im Mondlicht glänzten. Die steifen, milchweißen Blüten waren weit geöffnet, als ob sie ihn anstarren wollten. Die ganze Zeit über kreischte der Apfelbaum: „Dummer Junge, dies sind nicht die Zauberwurzeln, dies sind nicht die Zauberwurzeln."

Doch Maemba erinnerte sich nun an die Worte seines Großvaters. „Mißtrau einem Apfelbaum, einer alten Frau und einem Schwein!" Er war zwar noch keinem Schwein begegnet, hatte aber allen Grund, dem Apfelbaum und der alten Frau zu mißtrauen. Also gab er auf das Geschrei des Apfelbaums gar nicht acht. Er schaufelte die Erde von einer Zauberwurzel weg, zog die Pflanze heraus und rannte los, bis er zu der Palme kam, die neben der hohen Gartenmauer wuchs.

„Palme, liebe gute Palme, hilf mir über die Mauer, bevor die alte Frau und der Zauberer mich fangen können."

Da beugte sich die Palme herunter, und Maemba klammerte sich an einem großen Palmwedel fest. Dann richtete sich der Baum wieder auf, gab sich einen Ruck und schwang Maemba über die Mauer.

„Oh, Palme, liebe gute Palme, ich danke dir! Danke!"

Maemba lief los. Er lief und lief, bis er zu einigen Häusern kam. Dort ließ er sich im Schatten eines Hauses nieder, um sich ein bißchen auszuruhen.

Während er so dasaß, kam ein altes Schwein angetrottet.

Dieses alte Schwein beäugte Maemba und sagte: „Junge, was tust du denn hier?"

„Ich war unterwegs, um diese Zauberwurzel zu holen", sagte Maemba und zeigte dem Schwein die Pflanze. „Und nun will ich sie nach Hause tragen. Aber ich bin so erschöpft, daß ich mich zuerst ein wenig ausruhen muß."

„Dann schläfst du am besten ein Stündchen", sagte das Schwein. „Ich passe inzwischen gut auf. Falls jemand kommt, der die Zauberwurzel stehlen will, werde ich dich aufwecken."

„Vielen Dank, das ist sehr freundlich", sagte Maemba.

Er legte die Zauberwurzel neben sich auf die Erde, lehnte sich an die Hauswand zurück und schlief ein.

Oh, Maemba, Maemba, du bist doch wirklich zu dumm! Hast du die Worte deines Großvaters schon wieder vergessen? „Mißtrau einem Apfelbaum, einer alten Frau und einem Schwein!" Du hast gesehen, wie recht dein Großvater hatte, dich vor dem Apfelbaum und der alten Frau zu warnen. Und trotzdem vertraust du jetzt ausgerechnet einem Schwein! Das Glück hat kein Mitleid mit dummen Jungen, Maemba. Sobald du eingeschlafen bist, frißt das Schwein die Zauberwurzel auf.

„Oh, hoppla! Hoppla ho!" Das alte Schwein hüpft und springt. Nun steht es auf den Hinterläufen und klatscht die kleinen Vorderläufe zusammen. Nun macht es Handstand auf den Vorderläufen, die Schnauze am Boden, die Hinterläufe hoch in der Luft! Nun macht es Purzelbäume und tanzt. „Juhu, juhu, eben noch war ich alt und steif, aber jetzt fühle ich mich jung und ausgelassen!" Noch ein Purzelbaum und noch ein Purzelbaum! Was bis vor kurzem ein altes Schwein war, ist nun ein hübsches Ferkel, das die Straße hinuntertänzelt und bald nicht mehr zu sehen ist.

Maemba zuckt im Schlaf zusammen, setzt sich auf, gähnt, schaut umher, tastet neben sich nach der Zauberwurzel. Oh, oh, oh! Wie schrecklich! Sie ist verschwunden! Zu spät entsinnt sich Maemba der Worte seines Großvaters, daß er einem Schwein mißtrauen solle. Was soll er bloß tun? Er muß noch einmal zum Garten zurück und eine andere Zauberwurzel holen. Und diesmal muß er und *wird* er auch seine fünf Sinne beisammen haben und alles recht machen!

Aber er hat große Eile, denn es wird schon spät. Die Sonne ist bereits untergegangen. Bald schon wird es ganz dunkel sein. Maemba rennt wie der Blitz den ganzen Weg zum Garten zurück. Er kommt zu der Stelle, wo die Palme innen im Garten wächst.

„Dattelpalme, liebe gute Dattelpalme, hilf mir noch einmal in den Garten hinüber, ich bitte dich!"

Die Dattelpalme beugt ihre Krone über die Mauer herüber. Maemba klettert an den Blättern hinauf. Mit einem Schwung ist er jenseits der Mauer.

Dann sagt die Dattelpalme zu ihm: „Mein Junge, es ist

spät und wird gleich dunkel sein, viel zu dunkel für dich, um dich durch den Garten zu tasten, ohne zu stolpern. Wenn du aber stolperst, wird dich der Zauberer hören. Roll dich zwischen meinen langen Wedeln zusammen und schlafe. Morgen nimmt der Zauberer am frühen Abend ein ausgedehntes Mahl ein. Das ist der richtige Zeitpunkt, um die Zauberwurzeln auszugraben. Wenn du hungrig bist, kannst du ruhig meine Datteln pflücken."

Also tat Maemba genau das, was die Palme ihm geraten hatte. Er pflückte sich einige Datteln und aß sie mit Genuß auf. Dann schlief er versteckt in den breiten Palmwedeln ein.

Als er aufwachte, war es schon heller Morgen. Er schaute zwischen den Palmwedeln hinunter und sah, wie der Zauberer überall im Garten herumging und zwischen den Blumenbeeten und im Gras Drahtschlingen auslegte. Der Zauberer wollte keinerlei Risiko eingehen. Falls dieser Junge oder irgendein anderer Dieb wieder seinen Garten betreten sollte, dann, wehe ihm! Dann würde ihm der Zauberer schon ein Bein stellen! Maemba prägte sich jede Stelle genau ein, wo eine Schlinge gelegt war. Nein, nein, er wollte sich auf diese Weise nicht fangen lassen!

Versteckt zwischen den Palmblättern und genährt mit den süßen Datteln wartete Maemba den ganzen Tag lang ab, bis der Zauberer gegen Abend ins Haus ging, um zu speisen. Sogleich rutschte Maemba am Stamm der Palme zur Erde hinunter und ging quer durch den Garten, wobei er geschickt alle Schlingen des Zauberers umging.

Der aufgehende Mond war durch Wolken etwas verdeckt und gab nur spärliches Licht. Als Maemba zum Apfelbaum kam, sah er die steifen, milchweißen Blüten der Zauberwurzel weit geöffnet vor sich, als starrten sie ihn an. Flink, flink begann Maemba die Pflanzen auszugraben. Er grub eine Zauberwurzel aus, dann die nächste und die übernächste, bis er sieben Wurzeln ausgegraben hatte. Und während der ganzen Zeit schrie der Apfelbaum: „Junge, dies sind nicht die Zauberwurzeln!"

Maemba nahm keine Notiz von diesem Geschrei, sondern grub unbeirrt weiter.

Doch jemand anders nahm Notiz vom Kreischen des Apfelbaumes, und das war die alte Frau. Sie kam herbeigerannt und schrie nun ihrerseits.

Also raffte Maemba die sieben Zauberwurzeln zusammen und hetzte durch den Garten zur Palme zurück, verfolgt von der alten Frau. Und wie schnell sie rennen konnte, diese alte Frau! Sie war Maemba dicht auf den Fersen, als er bei der Palme ankam. Geschmeidig beugte sich die Palme herunter. Maemba ergriff einen Palmwedel und wurde sanft auf die andere Seite der Mauer hinüberbefördert.

Da kreischte die alte Frau in den höchsten Tönen: „Palme, Palme, heb mich auch über die Mauer! Wenn du es nicht tust, erzähle ich's dem Zauberer. Dann wird er dich fällen und verbrennen lassen!"

Die Palme neigte wieder ihre Krone, und die alte Frau klammerte sich mit beiden Händen an einen Palmwedel. Dann schwang sich die Palme wieder hoch; hoch und immer höher. Die alte Frau hielt sich mit aller Kraft fest, doch nun schüttelte sich der Baum und schwang wild hin und her, bis die Hände der alten Frau zu rutschen begannen. Nein, sie konnte sich nicht länger festhalten. Mit einem letzten Schwung schleuderte die Palme sie Hals über Kopf durch die Luft, bis sie – plumps! – auf eine Felsplatte in den Bergen fiel.

Das war ihr Ende.

Nachdem die Palme Maemba über die Mauer gehoben hatte, rannte er eilig los. Doch dann fiel ihm ein, daß er sich bei der Palme noch gar nicht bedankt hatte. Also rannte er zurück. Doch die Palme sagte: „Lauf, Junge, solange es noch Zeit ist. Sonst hast du gleich den Zauberer auf den Fersen. Grüße deinen Großpapa herzlich von mir. Du mußt ihm für seinen guten Rat sehr dankbar sein."

Also lief Maemba, so schnell er konnte, und kam bald zu den Häusern. Diesmal setzte er sich aber nicht hin, um sich auszuruhen. Er eilte weiter und weiter, überwand die Bergkette und kam in das fruchtbare Tal, wo er den Hasen getroffen hatte. Dann ging er aus dem Tal hinaus und über die steinige, mit dürrem Gras bewachsene Steppe. Der Mond, der am Himmel wanderte, half Maemba, den richtigen Weg zu finden. Schließlich ging der Mond im Westen unter und die Sonne im Osten auf, doch noch immer lief Maemba weiter... Zu guter Letzt kam er zu dem kleinen Dorf, wo sein Großvater auf der Bank vor einem Gasthaus saß.

„Großpapa, schau, schau her! Ich habe die Zauberwurzeln."

„Gut gemacht, Sohn meines Sohnes! Nun können wir zum König zurückkehren. Aber wir müssen klug und weise sein, denn ich fürchte, daß der König uns beschwindeln wird."

Die zwei wanderten zurück in die Königsstadt und erfuhren dort, daß der König immer noch krank war. Er wurde von den Doktoren mit dieser und jener Arznei behandelt, aber sein Zustand wurde immer schlechter. In seiner Enttäuschung über das Versagen der Ärzte geriet er in Wut und ließ sie aus der Stadt hinauspeitschen.

„Sohn meines Sohnes", sagte der Großvater zu Maemba. „Geh jetzt zum König. Aber nimm nur eine Zauberwurzel mit. Die anderen behalte ich inzwischen."

Maemba übergab seinem Großvater sechs Zauberwurzeln und ging mit der siebten zum Königspalast.

„Führt mich vor den König", sagte er. „Ich habe nämlich die Wurzel, die ihn heilen wird."

Natürlich führten sie ihn sofort zum König, der seufzend und stöhnend im Bett lag. Doch kaum hatte der König einen Bissen von der Zauberwurzel genommen, als er auch schon mit dem Gejammer aufhörte und sich im Bett aufrichtete. Nach dem zweiten Bissen sprang er aus dem Bett. Und beim dritten tanzte er im Zimmer herum und rief: „Ich bin geheilt, ich fühle mich gesund, ich könnte Bäume ausreißen! Junge, du hast mich kuriert. Sag mir, was für eine Belohnung ich dir geben soll."

„Das, was Ihr versprochen habt, Eure Majestät — die Hand Eurer Tochter."

„Mein Junge, das ist aber sehr viel verlangt. Du behauptest, daß du noch weitere Zauberwurzeln hast, nicht wahr? Wenn du sie mir alle herbringst, sollst du meine Tochter zur Frau bekommen."

Maemba ging zu seinem Großvater zurück. „Großpapa, der König sagt, daß er *alle* Zauberwurzeln haben muß, bevor ich die Prinzessen heiraten kann. Gib sie mir also, bitte."

Darauf sagte der Großvater: „Ich glaube nicht, daß der König dir seine Tochter geben wird. Aber, na schön, hier sind die Wurzeln."

Maemba nahm die Wurzeln. Da er in großer Eile war, zählte er sie nicht nach und merkte folglich nicht, daß der Großvater ihm nur fünf statt sechs Zauberwurzeln gegeben hatte. Der weise alte Mann traute dem König nämlich ganz und gar nicht und behielt deshalb eine Wurzel, in seinem Ärmel versteckt, zurück.

Maemba lief zum König: „Euer Majestät, hier sind die Zauberwurzeln. Nun laßt mich mit der Prinzessin sprechen."

Der König aber machte ein finsteres Gesicht. „Du Schurke, hast du mir nicht erzählt, daß du noch sechs weitere Zauberwurzeln hast? Hier sind aber bloß fünf. Du wolltest also deinen König betrügen! Das ist ein Verbrechen, auf das der

Tod steht. Da du mich geheilt hast, will ich dein Leben schonen. Aber mehr Gnade kannst du von mir nicht erwarten."

Er rief die Wachen herbei und ließ Maemba ins Gefängnis schaffen.

Da trat die Prinzessin, die wunderhübsche Tochter des Königs, vor seinen Thron und sagte: „Warum hast du diesen hübschen Jungen ins Gefängnis gesteckt? Ich habe ihn gern. Er soll mein Ehemann werden…"

„Du hältst den Mund!" sagte der König. „Das ist meine Angelegenheit. Nur ein Mann von edler Abstammung darf die Tochter eines Königs heiraten."

In der Nacht konnte die Prinzessin nicht schlafen, sondern dachte ständig an Maemba. Während sie so lag, hörte sie plötzlich an der Tür ein leises Kratzen. Sie erhob sich und öffnete die Tür. Was sah sie vor sich? Einen Hasen! Und zwar den Hasen, dem Maemba in der Öde Wasser gegeben hatte.

„Königstochter, möchtest du Maemba heiraten?" fragte der Hase.

„Ja, ja, kleiner Hase, das möchte ich gern. Aber mein Vater will es mir nicht erlauben."

„Königstochter, tu, was ich dir sage. Steh auf, zieh dich an und geh zum letzten Haus außerhalb der Palasttore. Dort wirst du einen alten Mann antreffen, Maembas Großvater. Er hat noch eine Zauberwurzel übrig. Diese Pflanze wird alle Schlösser und Riegel öffnen. Hol Maemba aus dem Gefängnis, und dann lauft alle drei so schnell wie möglich zum Hafen hinunter. Fragt dort nach Kapitän Hamid. Er hat eine kranke Tochter. Wenn ihr ihm die Zauberwurzel schenkt, um seine Tochter zu heilen, wird er euch übers Meer bringen."

Die Prinzessin befolgte die Anweisungen des Hasen. Sie zog sich eilends an, steckte all ihr Geld in eine Börse, verwahrte die Börse in ihrem Kleid und lief zu dem Haus, wo

Maembas Großvater wohnte. Der alte Mann lag nicht im Bett, sondern saß sorgenvoll am Feuer.

„Kommt rasch mit mir", forderte die Prinzessin ihn auf.

Dann erzählte sie ihm in Kürze all das, was der Hase ihr geraten hatte.

Der alte Mann hatte schon einige Tränen vergossen, doch nun lachte er vor Freude. Mit der letzten Zauberwurzel im Ärmel eilte er samt der Prinzessin zum Gefängnis. Nachdem sie die Riegel und Schlösser des Gefängnisses kurz mit der Zauberwurzel berührt hatten, flogen die Gitter und Türen weit auf. Maemba war frei! Leise und vorsichtig stahlen sie sich davon: Maemba, die Prinzessin und der Großvater; vorbei an den schlafenden Wachposten, hinunter zum Hafen.

Einige Seeleute lungerten auf dem Kai herum.

„Sagt uns bitte, wo das Schiff von Kapitän Hamid ist."

„Dort hinten am Kai."

Sie gingen zu dem bezeichneten Schiff, und die Prinzessin rief: „Kapitän Hamid?"

„Ja, hier bin ich. Wer wünscht mich mitten in der Nacht zu sprechen? Oh, es ist die Prinzessin, die Tochter des Königs. Was kann ich für Euch tun?"

„Hört gut zu, Kapitän Hamid. Dieser Junge hat das Leben meines Vater gerettet. Er heilte ihn mit einer Zauberwurzel. Um diese Wurzel zu holen, ist er sehr weit gelaufen und hat viele gefährliche Abenteuer bestanden. Und nun hat mein Vater sein Versprechen gebrochen. Statt mich Maemba zur Frau zu geben, hat er ihn sogar ins Gefängnis geworfen. Wenn Ihr uns übers Meer mitnehmt, Kapitän Hamid, dann sollt auch Ihr eine Zauberwurzel bekommen, um Eure kranke Tochter zu kurieren."

„Ich will Euch gerne mitnehmen, Prinzessin. Kommt alle drei an Bord."

Also gingen sie an Bord, und früh am nächsten Morgen

setzte das Schiff Segel und stach in See. Das Reiseziel war Brasilien, wo sie nach vielen Wochen sicher landeten. Kapitän Hamid gab seiner kranken Tochter die Zauberwurzel und machte sie wieder gesund. Dann kaufte die Prinzessin ein hübsches kleines Haus in der Nähe des Hafens und heiratete Maemba.

Es herrschte eitel Glück und Zufriedenheit. Der Großvater sagte: „Kinder, mag sein, daß es gleichgültig ist, wo wir leben, aber mir gefällt es hier."

Püchü Acháwall, das arme Hühnchen, das Marinamun genannt wurde

Indianermärchen

Da war einmal ein Püchü Acháwall, also ein winziges Hühnchen, das sehr mager und struppig war. Warum war es denn so mager und struppig? Es war so mager und struppig, weil die Kushé Acháwall, die Mutter, es nicht leiden mochte. Und warum mochte die Kushé, die Mutter, es nicht leiden? Das kleine Püchü Acháwall wußte es nicht. Noch nicht. Also wollen wir erzählen. Später werden wir es wissen.

Es gibt grünschalige Eier. Die gab es immer im Land der Indianer. Ihre Hühner kamen fast alle aus grünen oder bläulichen Eiern.

Aus einem solchen Ei kroch eines Tages ein Püchü Acháwall heraus. Recht mühsam war es, das Herauskriechen. Ganz allein mußte das Hühnchen es schaffen. Denn die grünschaligen Eier haben eine harte Schale, und die Kushé war sehr beschäftigt. Und naß war es noch, so naß, daß die wenigen Federchen aneinander klebten.

Doch kaum gesellte es sich zu den anderen Kindern, als die Kushé wütend aushaute mit dem Fuß und das arme Hühnchen weit wegschleuderte. Darüber staunte das Püchü Acháwall. Gefroren hat es auch, denn noch war es kalt. Im übrigen hatte die Mutter Acháwall auch kein richtiges Nest. Versteckt und heimlich hatte sie 15 Eier ausgebrütet. Unter einem wilden Rhabarberstock hatte sie sich eine Grube zurechtgekratzt und ihre Eier da verborgen. Eilig raffte sich das dumme Hühnchen wieder auf: Es hatte gerade gesehen, daß die 14 Geschwister unter den warmen Bauch der Kushé krochen und daß schützende Flügel sie bargen. Aber kaum versuchte es, unter einen Flügel zu kommen, als es wieder von einem wütenden Fußtritt weggeschleudert wurde, das arme Hühnchen, das doch so naß war, das doch so schrecklich fror. Warum mochte die Kushé ihr Kind nicht? Wartet, wartet nur!

So wurde das Hühnchen scheu. Und als es noch einmal versuchte, sich zu wärmen, hackten nun auch die 14 Geschwister auf den armen Balg los, drängten ihn hinaus, während sie sich unter die warme Brust der Mutter kuschelten. Große Augen machte das arme Hühnchen.

Beim Füttern war es dasselbe. Die Kushé suchte, legte allen Kindern etwas vor, zerteilte alles in kleine Portionen; jedes Kind bekam ein Teilchen. Recht betrüblich war dies alles für das kleine Hühnchen, das nicht nur von der Mutter, sondern auch von den Geschwistern weggetrieben wurde, fast zertreten von den scharfen Nägeln der Kushé. Und da es weh tat, getraute sich das Hühnchen zuletzt nicht mehr, in die Nähe der anderen Acháwall zu kommen, denn die hatten es ebensowenig lieb wie die Mutter.

Besonders der ältere Bruder, der Alka Acháwall war scheußlich zum Schwesterchen, und als es ihn fragte, warum es so schlecht behandelt würde, lachte er spöttisch und sagte ein Wort, das aber dem Hühnchen unbekannt war. Später werde ich das Wort sagen. Es tat dem Hühnchen weh, weil es die Bedeutung nicht kannte. Aber es war besser so. Übrigens konnte es vor lauter Kummer nicht mehr fressen. Nun mußte es sich eben sein Futter selber suchen, mußte es lernen. Doch litt es sehr: Es war allein und mußte allein schlafen, unter dem Blätterdach des Notru schlief es. Einige Male noch versuchte es, zusammen mit den anderen Kindern zu kratzen, und wirklich, das Kratzen und Scharren verstand es ausgezeichnet. Aber da es immer zerrupft und elend aussah, verlachten sie es und gaben ihm häßliche Worte, das von ihm Zusammengekratzes fraßen sie schnell auf, und die Kushé gab ihm noch einen Tritt und schleuderte es in einen dornigen Busch. Der Ruf, mit dem sie ihre 14 Kinder lockte, galt nie dem Hühnchen.

Also wurde es scheu, und eines Tages sagte es zu sich selber: „Meine Mutter mag mich nicht, meine Geschwister mögen mich nicht, allein bin ich immer. Ich will wandern, will sehen, ob es nicht ein Land gibt, das gutes Futter hat, größere Körner. Denn hier gibt es nur kleine Samenkörner, und die Würmer und Käfer sind auch nicht fett. Außerdem wissen sie sich so schnell in der Erde zu verkriechen.

Warum soll ich mich von den Geschwistern, nur weil sie von der Kushé geliebt und verzärtelt werden, hänseln lassen? Ich werde wandern! Wandern – – !"

Ohne Lebewohl zu sagen, machte es sich auf die Reise. Es ging und ging: Es wurde immer wärmer außerhalb der Schneekordillere. Allerdings, manchmal litt es schrecklich Angst, aber dann war es gut, daß es so klein und mager war: Dicke finden schwerer ein Versteck! Kein Bösewicht rührte es an. Und dann geschah es: Das Hühnchen fand ein Getreidefeld! Große Körner gab es in Mengen. Da gab es nicht etwa hundert oder zweihundert Körner, über zehntausend müssen es gewesen sein. Es fraß und fraß, und als das Kröpfchen zum Bersten voll war, wurde es traurig und sagte: „Mutter sucht so mühsam Futter! Ich will doch heimgehen und melden, was es hier Gutes gibt. Auch das Schlafen ist hier angenehm: Dicht stehen die Halme, und der Wind erreicht nicht den ganzen Halm, nur die oberen Köpfe. Warum soll sie unter dem Rhabarberstock schlafen müssen?"

Aus Freude, der Kushé die gute Nachricht bringen zu können, vergaß das arme Hühnchen, daß Mutter und Geschwister es wie Mist behandelt hatten, und lief und lief und lief und übersah eine Falle, eine Grube, die listig mit Blättern verdeckt war. Und in dieser tiefen Grube befand es sich nun, und als ein ganz schrecklicher Kopf, der eines Gürteltieres, von oben herunterblickte, schrie es laut auf. Denn gewiß wollte dieses Untier so ein kleines Hühnchen fressen. Laut jammerte und schrie es. Plötzlich krähte laut und böse ein Alka Acháwall, ein großer Hahn. Und schon krähte er: „Bist du auch ein Acháwall? Habe keine Angst, ich komme schon."

Das Krähen hatte so laut, hatte so furchtbar geklungen, daß das Gürteltier vom Rand der Grube blitzschnell verschwand. Statt dessen erschien der Alka Acháwall, der sehr tapfer aussah. Er sagte: „Lege dich auf den Rücken und strecke mir eins deiner Beinchen entgegen, damit ich dich fassen kann!"

Da legte sich das Hühnchen auf den Rücken und streckte das eine Beinchen hoch. Als der Alka Acháwall es sah, schrie er freudig: „Ach, bei meinem Vater! Was sehe ich? Du bist ja auch unter den wenigen Acháwall, die den Vornehmen angehören! Du bist ja eine Marinamun! Wie köstlich! Komm! Schnell, aber schnell!"

So zog er das Hühnchen heraus, ohne ihm weh zu tun, und sagte: „Sieh nur, wir beide sind füreinander geschaffen, wir beide sind Marinamun."

Und da das Hühnchen nicht wußte, was ein Marinamun ist, streckte er seine Füße aus und sagte: „Anstatt vier Zehen, wie die gewöhnlichen Acháwall, hast auch du fünf Zehen, genau wie ich. Wir wollen ein Paar werden, Marinamun, zehn Zehen! Zehnzeher sind wir, also das Vornehmste, was es gibt. Und deswegen werden wir beneidet und gekränkt und von den neidischen Geschwistern verfolgt. Ausgewandert bin ich, um eine ebenbürtige Gemahlin zu finden, und siehe, ich habe dich gefunden." Also heirateten sie und waren glücklich. Als sie nun Eltern von niedlichen kleinen Acháwall waren, von denen leider nur ein Hühnchen das vornehme Merkmal geerbt hatte, wurde Mutter Henne nun eines Tages betrübt und sagte: „Glücklich bin ich geworden, und es bedrückt mich. Mutter ist nun sicherlich schon allein. Und vielleicht hat sie mich jetzt lieb. Ich möchte sie bei uns haben, denn da kann sie Körner picken, ohne aufzustehen."

Also machten sie sich auf und suchten die Kushé, die sehr arm war. Einige ihrer Kinder hatte der Fuchs gefressen, andere waren den Geiern verfallen, wieder andere hatten böse Jäger erwischt, andere waren fortgezogen. Kushé Acháwall hinkte auf einem Bein, war aber nun sehr friedlich und sagte zu, die Enkelkinder kennenlernen zu wollen. Vom reichlichen Futter hatten sie noch nichts gesagt. Denn sie wollten sie nicht demütigen, die Arme. So lebten sie nun zusammen, und als der Herbst wieder kam, die Felder abgeerntet wurden, verblieben so viele Körner, daß sie den Winter gut verbringen konnten, um so mehr, als es dort, wo sie jetzt lebten, keinen Schnee gab. Seither sind die Hühner, die zehn Zehen haben, äußerst stolz geworden.

Af Pin, ich habe gesprochen.

Der rote Schwan

Indianermärchen

Drei Kinder, von denen das älteste kaum die Kraft besaß, einen schwachen Bogen zu spannen, waren durch den plötzlichen Tod ihrer Eltern zu Waisen geworden. Der Vater war ein Einsiedler gewesen, der sich schon in seiner Jugend von seinem Stamm abgesondert hatte, um ein ruhiges, ungestörtes Leben zu führen.

Es schien ein guter Manitu über diesen Knaben zu wachen, denn sie litten nie Not, und der älteste wurde sogar in ganz kurzer Zeit ein tüchtiger Jäger. Er lehrte diese Kunst auch seinen beiden Brüdern, die ebenfalls darin sehr schnell Fortschritte machten.

Da sich nun jeder einen Köcher aus starken Tierhäuten machen wollte, gingen sie eines Tages auf Hochwild aus, und jeder suchte sich seinen eigenen Weg, weil jeder zuerst ein Tier erlegen wollte.

Otschipwe, der jüngste, hatte Glück, denn kurz nachdem er sich von den anderen getrennt hatte, lief ein dicker Bär an ihm vorbei, den er mit einem gutgezielten Pfeil niederstreckte. Während er nun mit dem Abziehen der Haut beschäftigt war, kam es ihm vor, als ob etwas Rotes über ihm hin und her wehte. Er glaubte, sich zu täuschen, und rieb sich die Augen, aber die geheimnisvolle Erscheinung schwebte noch immer ganz deutlich vor ihm in der Luft hin und her.

Auch hörte er jetzt eine Stimme, die ihn ans Ufer des nahen Sees rief. Er folgte ihr und sah einen großen roten Schwan auf dem Wasser schwimmen. Da er in Schußweite war, schickte er gleich einen Pfeil nach ihm, der ihn zwar traf, aber wirkungslos an ihm abprallte. Mit dem zweiten Pfeil hatte er genausowenig Erfolg, und so verschoß er nach und nach seinen ganzen Vorrat, ohne dem Schwan nur den geringsten Schaden zuzufügen.

Danach lief er nach Hause und holte die zurückgelassenen Pfeile seiner Brüder, um es mit diesen zu versuchen, doch er verschoß sie ebenfalls vergebens. Da sah er den roten Schwan mit großen Augen an, und es fiel ihm ein, daß in dem Medizinsack seines Vaters noch drei magische Pfeile steckten. Schnell holte er sie, und als er zurückkam, war der Schwan noch immer da.

Der erste Pfeil flog vorbei; der zweite traf ihn beinahe, und der dritte ging dem Schwan mitten durch den Hals, worauf er sich erhob und dem Untergang der Sonne zusegelte. Dies ärgerte Otschipwe natürlich ganz gewaltig, und da er wußte, daß seine Brüder es ihm übelnehmen würden, wenn die magischen Pfeile fehlten, so watete er ins Wasser, um sie wieder herauszuholen. Aber er fand nur zwei, denn der Schwan hatte den dritten weggetragen. Nun, dachte er, so weit kann er damit doch nicht fliegen, als daß ich ihn nicht mit Leichtigkeit einholen könnte. Otschipwe war nämlich berühmt wegen seiner Schnelligkeit; er konnte so schnell laufen, daß ein von ihm abgeschossener Pfeil weit hinter ihm niederfiel.

Er lief nun den ganzen Tag durch Wälder und Prärien, über Berge und Täler, ohne jedoch den Schwan einzuholen. Als er sich am Abend ein Plätzchen suchte, wo er schlafen konnte, kam es ihm vor, als würden in seiner Nähe Bäume gefällt; aber er konnte niemanden sehen und tröstete sich vorläufig mit dem Gedanken, daß der folgende Morgen des Rätsels Lösung wohl erfahren werde.

Bei Sonnenaufgang erhob er sich von seinem Lager. Sein Weg führte ihn auf einen steilen Hügel, von wo aus er eine weit ausgedehnte Stadt vor sich liegen sah. Vor dem Stadttor stand der Wächter und schrie immer wieder: „Madschi Kokokoho!" Dadurch wollte er den Leuten sagen, daß ein Fremder nahe. Gleich gingen einige dem jungen Mann entgegen und führten ihn in die Hütte ihres Häuptlings.

Der alte Häuptling freute sich ungemein über den Besuch und befahl seiner Tochter, ihm augenblicklich ein kräftiges Mahl zu bereiten, seine Mokassins zu trocknen und ihm jeden Wunsch von den Augen abzulesen, „damit es", wie er sagte, „meinem lieben Schwiegersohn an nichts fehlt". Dieses Wort klang dem jungen Otschipwe nun doch etwas zu seltsam; so mir nichts, dir nichts zum Schwiegersohn und Ehemann gemacht zu werden, ohne überhaupt gefragt zu werden, kam ihm doch etwas verdächtig vor. Aber das Mädchen war schön, und so dachte er das Eheleben für kurze Zeit schon aushalten zu können.

Er begab sich also gemächlich zur Ruhe und erwachte am anderen Morgen etwas früher als gewöhnlich. Die Fragen, die er an seine junge Frau richtete, blieben unbeantwortet, und als er ihr einen Kuß geben wollte, drehte sie ihm kalt den Rücken zu.

„Was willst du von mir?" fragte sie endlich böse.

„Sage mir, liebes Kind, ist der rote Schwan schon vorübergeflogen? Ich verfolge ihn seit gestern; glaubst du, daß ich ihn einholen werde?"

„Kwapadisid!" (Dummkopf) erwiderte sie mürrisch; aber sie gab ihm später doch die Richtung an, die er einzuschlagen habe, worauf der junge Mann seine trockenen Mokassins anzog und seine Reise fortsetzte.

Am Abend sah er wieder eine große Stadt vor sich, deren Wächter mit denselben Worten den Besuch ankündigte.

Otschipwe wurde wieder auf die liebenswürdigste Weise in die Hütte des Häuptlings geführt und mußte es sich gefallen lassen, zum Gemahl eines noch schöneren Mädchens gemacht zu werden. Doch dieses war etwas freundlicher und gab ihm auch am anderen Morgen die genaue Richtung des roten Schwans an.

Den ganzen Tag lang begegnete Otschipwe nichts Besonderes auf seiner Reise. Gegen Abend kam er an eine Hütte, durch deren halboffene Tür er einen alten Mann einsam am Feuer sitzen sah.

„Nischime!" sagte dieser. „Komm herein und trockne deine Kleider; ich will dir inzwischen etwas zu essen kochen!"

Diese Einladung war Otschipwe sehr lieb, denn er war müde, hungrig und durstig. Der Alte schien ein Zauberer zu sein, denn auf sein Kommando kam plötzlich ein großer, mit Wasser gefüllter Kessel zur Tür hereingelaufen, hängte sich selbst über das Feuer, und der Alte warf dann ein einziges Maiskörnlein und eine Heidelbeere hinein. Das reicht doch nie und nimmer, deinen fürchterlichen Hunger zu stillen, dachte Otschipwe bei sich; doch als ihm der Zauberer winkte, munter zuzugreifen, siehe, da war der ganze Kessel bis an den Rand voll nahrhafter Dinge, und obwohl Otschipwe nun drauflosaß, als ob er acht Tage gehungert hätte, sah man die Schüssel doch nicht leer werden. Als er satt war, gab der Alte dem Kessel wieder ein magisches Zeichen, und er verschwand. Danach steckten sich beide ihre Pfeifen an, und Otschipwe mußte den Zweck seiner Reise erklären. Der Zauberer ermutigte ihn zwar in seinem Unternehmen, riet ihm jedoch, sich auf das Schrecklichste vorzubereiten, da noch keiner, der dem roten Schwan gefolgt war, zurückgekehrt sei.

Morgen werde er einem seiner Kollegen begegnen, der ihm weitere Auskunft geben werde.

So kam's denn auch. Der zweite Zauberer nahm ihn ebenfalls sehr freundlich auf und zeigte ihm den Weg zu dem dritten. Dieser kam ihm höflich entgegen, führte ihn in seine Hütte und setzte ihm ein stärkendes Mahl vor. Nachdem Otschipwe gehörig zugelangt hatte, sagte der Alte: „Junger Mann, du gehst einen gefährlichen Weg, von dem noch keiner zurückgekommen ist. Der rote Schwan ist die Tochter eines berühmten Medizinmannes, der sie wie seinen Augapfel behütet. Er trug einst einen großen Wampumskalp als Mütze, um den er jedoch von betrügerischen Feinden beschwindelt wurde. Diese hatten ihm nämlich erzählt, daß die einzige Tochter ihres Häuptlings todkrank sei und nur durch den Anblick eines wunderwirkenden Skalps genesen könne, worauf er ihn von seinem kahlen, blutigen Kopf zog und gegen das Versprechen weggab, daß er ihn am nächsten Tag wieder zurückbekommen würde. Aber er hat bis heute vergebens darauf gewartet. Die fremden Krieger banden den Skalp auf eine lange Stange und umtanzten, verhöhnten und verspotteten ihn auf alle möglichen Arten. Bei dem geringsten Schimpf nun, der diesem Wampumskalp angetan wird, schreit der alte Häuptling laut vor Schmerzen, und er hat daher demjenigen, der ihn wieder zurückbringt, seine schöne Tochter, den roten Schwan, zur Frau versprochen. Dieser rote Schwan hat schon viele tapfere Männer angelockt, und mancher hat sein Leben bei jenem mächtigen Feind gelassen. Doch wenn du über gewaltige und erfahrene Schutzgeister zu gebieten hast, ist es leicht möglich, daß du Erfolg hast. Morgen wirst du in die Nähe seines Wigwams kommen, er wird dich hineinrufen und verschiedene Fragen an dich stellen und dann verlangen, daß du ihm seinen heiligen Skalp wieder holst, damit sein wunder Kopf heilt."

Danach wies er Otschipwe eine Schlafstelle an. Am anderen Morgen begleitete er ihn zu der Wohnung des unglücklichen Häuptlings. Dieser saß in einer dunklen Ecke seines Wigwams und seufzte und stöhnte jämmerlich.

„Ach", klagte er, „ich bin ein armer Mann; meine Kopfwunde heilt nicht, und ich habe niemanden, der für mich sorgt!"

Otschipwe bemerkte aber, daß er doch nicht so verlassen und einsam war, denn seine Hütte war in der Mitte geteilt, und der rote Schwan befand sich im anderen Zimmer.

Otschipwe ließ sich ruhig nieder, hängte seine Mokassins vors Feuer und hörte der Erzählung des Alten geduldig zu. Darauf fragte ihn dieser nach seinen Träumen, und Otschipwe teilte ihm mehrere davon mit. Der Häuptling schüttelte bedenklich den Kopf und sagte: „Mein Sohn, du wirst mein Leben nicht retten können, wenn du nichts Besseres geträumt hast."

Nun erzählte er ihm seinen letzten Traum. „Das ist der rechte", rief der Alte, „das ist der Traum, auf den ich so lange gewartet habe! Du wirst mein Retter sein!"

Am anderen Morgen ging Otschipwe weiter. „Wenn du übermorgen", sprach er beim Abschied zum Alten, „das Geschrei des Habichts hörst, so weißt du, daß ich Erfolg gehabt habe und dir deinen Skalp zurückbringe."

Nachdem er beinahe eine Tagesreise hinter sich hatte, kam er in ein großes Dorf, in dessen Mitte eine große Stange aufgerichtet war, um die munter getanzt wurde. Als er näher kam, sah er auch den Wampumskalp daran flattern. — Ehe er noch bemerkt wurde, verwandelte er sich schnell in einen Kolibri und zwitscherte den Leuten die Ohren voll. Dann nahm er die Gestalt eines winzigen fliegenden Insektes an, band den Skalp ungesehen los und flog langsam damit fort. Dann gab er das verabredete Signal. Der Alte streckte seinen blutigen Kopf aus dem Wigwam, und Otschipwe setzte ihm seine lange vermißte Wampumkopfhaut wieder auf. Aber er mußte sie ihm in der Eile doch ein wenig zu unsanft aufgedrückt haben, denn der Häuptling wurde todkrank und erwartete mit jeder Minute sein Ende. Doch er erholte sich schließlich wieder, und Otschipwe wußte vor Erstaunen gar nicht, was er sagen sollte, als plötzlich anstatt eines abgelebten Greises ein junger, rüstiger Mann vor ihm stand, der sich in den höflichsten Worten für seine Rettung bedankte.

Beide wurden sehr gute Freunde, aber der Zauberer ließ nie ein Wörtchen hinsichtlich des geheimnisvollen Schwans fallen. Deshalb erinnerte ihn Otschipwe bei der Abreise, daß er öffentlich bekanntgemacht habe, seinem Retter den roten Schwan zur Frau zu geben. Darauf öffnete der Magier das andere Zimmer, in dem eine reizende Jungfrau saß. „Sie ist meine Schwester", sprach er, „nimm sie mit zu deinen Freunden und behandle sie gut, denn sie ist deiner würdig!"

Danach nahm das junge Ehepaar freundlich Abschied und begab sich auf die Reise nach Otschipwes Heimat. Bald kamen sie an die Hütte des dritten Alten, der vor Freude über das Glück des Jünglings ganz ausgelassen wurde. Er bewirtete beide mit dem Besten, was sein magischer Kessel hervorbringen konnte, und machte Otschipwe noch einen großen Medizinsack zum Geschenk, der allerlei heilige Sachen enthielt.

Auch die beiden Alten beschenkten ihn reichlich.

Bald sah Otschipwe seine alte Heimat wieder. Er ließ seine schöne Gefährtin ein wenig ausruhen und ging allein voraus, um seine Brüder auf den angenehmen Besuch vorzubereiten. Das war auch sehr gut, denn die Hütte war über und über voll Schmutz und Asche, und sie selber waren auch nicht viel sauberer. Der eine saß mit greulich geschwärztem Gesicht neben dem Feuer und weinte, als ob er nicht recht bei Sinnen sei; der andere hatte sich mit allerlei merkwürdigen Federn besteckt, so daß sich Otschipwe kaum das Lachen verbeißen konnte. „Lacht doch auch!" rief er ihnen zu. „Denn ich habe mir eine wunderschöne Frau mitgebracht."

Als dies Madschikihwis hörte, sprang er wie besessen aus seiner Ecke und guckte durch die Tür. „Halt!" sagte Otschipwe. „Habt nur Geduld und wascht euch vor allen Dingen den Dreck aus den Gesichtern, damit sich das Mädchen nicht vor euch zu fürchten braucht." Sie taten es, und die vier führten nun ein recht zufriedenes und sorgenfreies Leben. Aber eines Tages gab es doch bedenklichen Streit, denn die beiden Brüder drangen in Otschipwe, die magischen Pfeile ihres Vaters, die er heimlich mitgenommen habe, zurückzubringen. Damit hatten sie jedoch böse Absichten; sie wollten ihn nämlich gerne aus dem Weg schaffen, so daß einer von ihnen den roten Schwan zur Frau nehmen könnte. Otschipwe, der dies nicht im entferntesten ahnte, zog auch wirklich aus, um die Pfeile zu suchen.

Da gelangte er auf seiner beschwerlichen Reise an ein großes Loch in der Erde, das ihn zu den Wohnungen der Geister führte. Das Land schien recht hübsch zu sein; es gab darin Wild in Hülle und Fülle. – Das erste Tier, das ihm entgegenkam, war ein Büffel; der redete ihn wie ein Mensch an und fragte ihn, was er im Land der Toten suche.

„Die magischen Pfeile meines Vaters", erwiderte Otschipwe.

„Wir wissen, wo sie sind", sagte der nur aus Knochen bestehende Büffelhäuptling, „aber ich rate dir, so schnell wie möglich wieder zurückzugehen, denn deine Brüder wollen dein Weib verführen!"

Dank seiner mächtigen Schutzgeister gelangte Otschipwe bald wieder an die freie Luft und vor die Tür seines heimatlichen Wigwams. Der Büffelhäuptling hatte die Wahrheit gesagt. Seine beiden sauberen Brüder lagen sich gerade in den Haaren, da jeder Otschipwes Weib besitzen wollte. Dieser trat jedoch auf einmal in die Hütte und zerschmetterte ihnen mit einem furchtbaren Keulenschlag den Schädel, so daß keiner mehr ans Leben, viel weniger an Weiberverführung dachte.

Danach lebte Otschipwe in ungestörtem Glück bis an sein seliges Ende.

Rauchende Gebeine

Indianermärchen

Ein Junge zog zu seinem Onkel in ein fernes Land, um bei ihm zu wohnen. Der Onkel führte ihn auf dem Anwesen herum, zeigte ihm alles und sagte, daß er in den Wäldern jagen und überall hingehen könne, wohin es ihm beliebe, bis auf eine Ausnahme, und das sei der Weg zum Meer.

„Warum darf ich nicht den Weg zum Meer einschlagen?" fragte der Junge.

„Deine Schwester kam auch zu mir und wollte bei mir leben", erklärte der Onkel. „Doch dann ging sie den Weg zum Meer und kehrte nie wieder zurück."

Der Junge erwiderte nichts darauf, dachte aber bei sich: „Wenn ich auch in diese Richtung gehe, kann ich vielleicht meine Schwester wiederfinden."

Er grübelte lange darüber nach. Als sein Onkel eines Tages auf die Jagd ging, nahm der Junge eine Decke, Pfeile und Bogen und machte sich auf den Weg zum Meer.

Der Pfad führte zwischen wilden Rosenbüschen hindurch und gefiel dem Jungen sehr gut. Die Rosensträucher waren mit weißen Blüten bedeckt, und die Luft war von süßem Duft erfüllt.

„An diesem Weg ist nichts merkwürdig", dachte der Junge. Schließlich hörte der Pfad am steinigen Meeresstrand auf. In einiger Entfernung ragten Felsen ins Wasser hinein.

Auf diesem Strand stand ein Mann und schaute über das Meer zu einer nahe gelegenen Insel hin.

„Ich will dort hinüber, um ein paar Wildvögel zu schießen", sagte der Mann. „Möchtest du gern mitkommen?"

„Ja, das möchte ich schon", erwiderte der Junge. „Aber ich sehe kein Kanu."

Der Mann pfiff. Hinter den vorspringenden Felsen tauchte ein Kanu auf, das von sechs weißen Schwänen gezogen wurde, drei auf jeder Seite. Jeder Schwan hatte eine Weidenschnur um den Hals, deren anderes Ende am Kanu befestigt war.

„So etwas habe ich noch nie gesehen", sagte der Junge staunend.

„Oh, ich habe sie lange trainiert", erwiderte der Mann. „Es ist ganz erstaunlich, wie klug diese Tiere sind."

Sie stiegen beide in das Kanu, und dann sang der Mann ein kleines Liedchen:

> „Schwimmt, ihr Schwäne, schwimmt übers Meer,
> bringt uns hinüber und mich wieder her.
> Schwarze Füße, helle Augen habt nur ihr,
> wem müßt ihr gehorchen, wenn nicht mir?"

Daraufhin setzten sich die Schwäne mit dem Kanu im Schlepptau in Bewegung, und schon bald erreichten sie die Insel.

„Ich werde mich nach Osten wenden, du dagegen nach Westen", schlug der Mann vor. „Schieß so viele Vögel wie nur möglich, und ich schieße auch so viele Vögel wie möglich. Wenn wir uns dann wieder treffen, werden wir ja sehen, wer am meisten geschossen hat. Am besten lassen wir unsere Kleider hier im Kanu liegen, denn es ist heiß, und wir sind ohne sie besser dran."

Der Junge stimmte zu, und sie zogen sich beide ihre

Kleider aus. Dann wandte sich der Junge nach Westen, der Mann aber nach Osten.

Der Junge lief um die halbe Insel herum, ohne einen einzigen Vogel zu entdecken.

Er sah nichts als menschliche Gebeine, die überall herumlagen. Er fand die Insel reichlich grausig. Als er etwa die Hälfte der Insel umwandert hatte, setzte er sich nieder und wartete auf den Mann. Als der Mann aber nicht auftauchte, stieg der Junge über die Hügel in der Mitte der Insel und lief zum Kanu zurück.

Der Mann wanderte gerade den Strand entlang und sang:

> *„Kommt, Schwäne, laßt uns nicht länger weilen,*
> *es ist an der Zeit, nach Hause zu eilen,*
> *schwarze Füße und helle Augen habt nur ihr,*
> *wem müßt ihr gehorchen, wenn nicht mir?"*

Die Schwäne waren samt dem Kanu auf dem Wasser herumgeschwommen, doch nun brachten sie das Boot dicht ans Ufer, und der Mann stieg hinein.

„Halt, halt!" schrie der Junge und rannte den Strand entlang.

Doch die Schwäne schwammen schon weg. Der Junge watete ins Meer und griff nach dem Bootsrand. Sobald er ihn berührte, versetzte ihm irgend etwas einen Stoß, und er tauchte unter. Als er wieder hochkam, war das Kanu schon weit entfernt, denn die Schwäne schwammen sehr schnell.

Der Junge schrie sich die Kehle aus dem Hals, doch der Mann drehte sich nicht einmal um. Also ging der Junge wieder an Land und setzte sich unter einen Busch. Zuerst war ihm vor Zorn ganz heiß, doch mit Einbruch der Dämmerung hätte er gar zu gern seine warme Kleidung gehabt. Er hatte Angst, fror erbärmlich und klapperte mit den Zähnen. Schließlich vergrub er das Gesicht in den Armen und weinte.

Da ließ sich hinter dem Busch eine Stimme hören.

„Du tust mir ehrlich leid", sagte die Stimme.

Der Junge sprang auf. Es jagte ihm zuerst Angst und Schrecken ein, auf dieser einsamen Insel eine Stimme zu erkennen. Doch diese Stimme klang sanft; und insgeheim tröstete es ihn zu wissen, nicht ganz allein zu sein.

Er ging hinter den Busch, konnte aber niemanden sehen. „Wer bist du? Und wo bist du denn?" flüsterte er.

„Schau auf die Erde. Schau ganz genau hin", gab die Stimme zur Antwort.

Der Junge beugte sich hinunter und sah ein Skelett auf dem Boden liegen.

„Ja, ich habe mit dir gesprochen", sagte das Skelett mit einer sanften Stimme. „Ich werde versuchen, dir zu helfen. Aber in meinem Schädel hausen Mäuse, so daß ich nicht ganz klar denken kann. Wenn du unter dem Ahorn da drüben ein bißchen gräbst, findest du einen Tabaksbeutel, eine Pfeife und einen Feuerstein. Ich glaube, daß ich die Mäuse vertreiben kann, wenn ich ein bißchen rauche."

Der Junge ging zu dem Ahorn hinüber, grub und fand tatsächlich einen gutgefüllten Tabaksbeutel, eine Pfeife und einen Feuerstein. Er stopfte die Pfeife mit Tabak, zündete sie an und steckte sie dem Skelett zwischen die Zähne. Als das Skelett einige Züge aus der Pfeife genommen hatte, begannen die Mäuse zu niesen und rannten schließlich aus dem Schädel heraus und flitzten davon.

„Oh, wie ist das angenehm", sagte das Skelett. „Jetzt kann ich klar denken. Hör zu! Dieser Kerl in dem Kanu ist ein Menschenfresser. Er wird bei Dunkelheit zurückkommen und dich auffressen, wie er auch mich aufgefressen hat — es sei denn, uns fällt etwas ein, um das zu verhindern."

Der Junge geriet ganz außer sich vor Entsetzen. „Oh, was soll ich bloß tun?" schrie er. „Denk dir etwas aus, denke, denke!"

„Ich denke ja schon angestrengt nach", erwiderte das Skelett mit seiner sanften Stimme. „Versuch ganz ruhig zu bleiben und dich nicht aufzuregen."

Der Junge verhielt sich mäuschenstill und konnte hören, wie sein Herz laut und angstvoll schlug, bumm, bumm, bumm!

„Ja, er wird zurückkommen, wenn es dunkel ist", murmelte das Skelett. „Und er wird drei große Hunde mitbringen, die dich jagen und hetzen... Halt! Ich hab's! Du mußt auf der ganzen Insel herumlaufen und so viele Fußspuren hinterlassen, daß die Hunde ganz verwirrt werden. Dann gehst du rückwärts zu diesem Baum dort drüben, damit es so aussieht, als ob die Fußabdrücke von dort wegführen. Der Baum ist durch einen Blitz gespalten worden. Klettre ganz hoch hinauf. Dort wirst du eine Höhlung finden. Versteck dich in dieser Höhlung und decke dich mit Blättern zu. Sie strömen einen starken Duft aus, der stärker sein wird als dein eigener Geruch. Aber nun beeil dich!"

Der Junge verschwendete keine Sekunde, sondern rannte los und lief auf der ganzen Insel herum. Dabei trat er so fest wie möglich auf, damit die Fußabdrücke möglichst tief und deutlich waren. Als es so dunkel war, daß er kaum noch etwas sehen konnte, kehrte er zu dem Baum zurück — er ging dabei rückwärts —, kletterte zu den höchsten Zweigen hinauf, fand dort die Höhlung, kroch hinein und deckte sich mit Blättern zu.

Kaum war er in seinem Versteck untergekommen, als der Menschenfresser mit den drei Hunden die Insel betrat. Der Junge konnte den Mann pfeifen und die Hunde bellen hören. Die Hunde rannten auf der Insel herum, schnüffelten an den Fußspuren, wurden aber durch die große Anzahl völlig wirr, ließen sich nieder und jaulten. Der Menschenfresser schalt und schimpfte, bis sie wieder hierher und dorthin rannten, hier und dort schnüffelten und schließlich zu dem hohlen Baum zurückliefen, wo sie sich hinsetzten und laut heulten.

Der Menschenfresser sog die Luft ein und stieß sie wieder aus. „Schnüffel, schnüffel, schnüffel." Er hoffte, daß er auf diese Weise vielleicht den Jungen riechen könnte, doch ihm drang nur der starke Duft der Blätter in die Nase. Dann nahm er einen Stecken und holte Zunderholz aus seinem Beutel heraus. Er zündete den Stecken an und hielt ihn dicht über die Erde. In dem flackernden Feuerschein sah er, daß die Fußspuren des Jungen von dem Baum wegführten. Flugs rannte er den Spuren nach, gefolgt von seinen Hunden. Die Fußspuren führten über die ganze Insel und um sie herum, bergauf, bergab und hierhin und dorthin. Einfach überall hin! Der Menschenfresser und die Hunde suchten die ganze Nacht lang, konnten den Jungen aber nicht finden. Gegen Morgen stiegen sie alle wieder in das Kanu und ließen sich von den Schwänen aufs Meer hinausziehen.

Völlig übermüdet kroch der Junge aus der Höhlung hervor, kletterte den Baum hinunter und ging zu dem Skelett hinter dem Busch.

„Ich bin so schrecklich hungrig!" sagte er.

„Das glaube ich dir gern", sagte das Skelett mit seiner sanften Stimme. „Du tust mir sehr leid. Ich erinnere mich noch gut daran, wie es war, einen Magen zu haben und hungrig zu sein. Ein reichlich unangenehmes Gefühl. Aber immerhin bist du nicht getötet und gegessen worden. Dafür mußt du dankbar sein. Wenn du in der Erde gräbst, kannst du vielleicht ein paar Wurzeln finden. Inzwischen möchte ich aber gerne noch eine Pfeife rauchen, damit ich klar darüber nachdenken kann, was als nächstes zu tun ist."

Der Junge zündete die Pfeife an und steckte sie dem Skelett zwischen die Zähne. Dann nahm er einen festen Stock und begann nach Wurzeln zu graben. Er fand auch ein paar und aß sie. Obwohl sein Hunger nicht gestillt war, hatte sein Magen doch wenigstens etwas zu tun.

Als er zurückkam, rauchte das Skelett friedlich vor sich hin. „Oh, wie angenehm ist das doch!" sagte es. „Meine Gedanken werden immer klarer. Hör zu! Der Menschenfresser wird wieder kurz vor Anbruch der Dunkelheit kommen. Er *muß* kommen, denn er kann nicht länger als zwei Tage leben, ohne etwas zu essen. Wenn es dir gelingt, ihm auch heute nacht zu entkommen, wird er schon vor morgen früh tot sein. Du mußt dicht am Wasser ein Loch in den Sand graben und dich dort verstecken. Wenn der Menschenfresser aus dem Kanu gestiegen ist, springst du aus dem Loch, setzt dich ins Boot und bittest die Schwäne, dich nach Hause zu bringen. Falls der Menschenfresser etwas hinter dir herruft, darfst du dich auf keinen Fall umdrehen. Aber du mußt morgen früh wieder hierher zurückkommen, denn es gibt noch etwas für dich zu tun."

„Wenn ich nun aber zurückkomme und der Menschenfresser lebt doch noch?" erkundigte sich der Junge ängstlich. Er dachte, daß er am liebsten nie wieder zurückkommen würde, sobald er erst von dieser schrecklichen Insel fort wäre.

„Wenn du ihn nicht tot am Strand liegen siehst, brauchst du nicht zu landen", sagte das Skelett. „Du mußt den Schwänen dann nur sagen, daß sie dich wieder wegbringen. Aber es ist etwas sehr Wichtiges, um das ich dich bitten werde."

„Um was wirst du mich bitten?" fragte der Junge.

„Das werde ich dir morgen früh verraten", sagte das Skelett. „Bitte, stopf mir jetzt noch eine Pfeife."

Der Junge füllte wieder die Pfeife und steckte sie dem Skelett zwischen die Zähne. Dann lief er zum Wasser und grub ein tiefes Loch in den Sand. Kurz vor Dunkelheit versteckte er sich in dem Loch und deckte sich mit Seetang zu. Schon bald hörte er das Rauschen des Wassers, als die

Schwäne angeschwommen kamen, und das Plätschern der kleinen Wellen gegen das Kanu. Vorsichtig spähte er durch den Seetang und sah, daß das Kanu schon fast am Ufer war. Der Mann stand aufrecht im Boot.

Dann sprang der Menschenfresser an Land und ging den Strand entlang, während der Junge den Seetang beiseite schob und aus dem Loch heraussprang. Er rannte zum Kanu, stieg ein und stieß in einem Atemzug hervor:

> *„Kommt, Schwäne, laßt uns nicht länger verweilen,*
> *es ist an der Zeit, nach Hause zu eilen.*
> *Schwarze Füße und helle Augen habt nur ihr,*
> *wem müßt ihr gehorchen, wenn nicht mir?"*

Die Schwäne schwammen mit dem Kanu los. Doch da drehte sich der Menschenfresser um und lief wieder zum Wasser.

„Halt! Halt!" schrie er.

Der Junge aber murmelte immer weiter: „Wem müßt ihr gehorchen, wenn nicht mir? Wem müßt ihr gehorchen, wenn nicht mir?" Die Schwäne hielten nicht an, sondern schwammen schneller, immer schneller übers Wasser.

Der Menschenfresser kam mit langen Sätzen platschend hinter ihnen her und bekam tatsächlich den Rand des Kanus noch zu fassen. Doch es versetzte auch ihm einen Stoß, so daß er untertauchte. Der Junge hörte das Geschrei des Menschenfressers hinter sich, und die Haare standen ihm zu Berge, doch er sah sich nicht um. Schon bald waren sie weit von der Insel entfernt.

Als sie sich dem Festland näherten, erkannte der Junge voller Erleichterung den steinigen Strand wieder, wo er den Menschenfresser getroffen hatte. Die Schwäne zogen das Kanu hinter die hervorspringenden Felsen am Wasser und hielten vor dem Eingang einer Höhle an. Im Inneren brannte ein helles Feuer, was für den Jungen ein höchst erfreulicher Anblick war, denn er fühlte sich total durchfroren, weil er ja fast nackt war. Ihm war nicht ganz klar, was er mit den Schwänen tun sollte, doch hatte er Angst, daß sie zu dem Menschenfresser zurückschwimmen könnten. Also dachte er sich einige Worte aus und sagte sie mit lauter, klarer Stimme:

> *„Ihr schönen Schwäne, schwimmt nicht aufs Meer,*
> *das befehle ich euch, ich, euer Herr!*
> *Schwarze Füße und helle Augen habt nur ihr,*
> *wem müßt ihr gehorchen, wenn nicht mir?"*

Die Zauberformel wirkte, und die Schwäne blieben in der Nähe der Höhle, wo sie hin und her schwammen.

Der Junge betrat die Höhle. Ein helles Feuer brannte in der Mitte der Höhle, in der seine eigenen Kleider und seine Decke auf dem Boden lagen. Es gab auch ein paar Lebensmittel: Weizenkuchen und einen Topf mit Ahornsirup. Der Menschenfresser hatte die Sachen herbeigeschafft, weil er so hungrig war. Aber er hatte nur ein paar Bissen gegessen, weil ihm nichts schmeckte, außer Menschenfleisch.

Der Junge zog sich an, aß nach Herzenslust und rollte sich dann in seiner Decke zusammen und schlief tief und fest bis zum nächsten Morgen.

Beim Morgengrauen sprang er eilends auf und rief den Schwänen zu:

> *„Schwimmt, schwimmt, schwimmt über das Meer,*
> *bringt mich hinüber und dann wieder her.*
> *Schwarze Füße und helle Augen habt nur ihr,*
> *wem müßt ihr gehorchen, wenn nicht mir?"*

Die Schwäne schwammen mit dem leeren Kanu fort. Er hatte nämlich vergessen, sie an Land zu rufen. Also stürzte er sich ins Wasser und schwamm hinter ihnen her. Dabei rief er:

„Ihr schönen Schwäne, schwimmt noch nicht aufs Meer,
das befehle ich euch, ich, euer Herr!"

Und die Schwäne warteten auf ihn, bis er in das Kanu geklettert war, bevor sie weiterschwammen.

Schon bald kamen sie in die Nähe der Insel, wo der Menschenfresser tatsächlich der Länge nach auf dem Rücken lag. Der Junge ging ganz vorsichtig auf Zehenspitzen über den Sand. War der Menschenfresser wirklich tot, oder tat er nur so? Nein, er war wirklich tot, mausetot! Der Junge sprang vor Freude in die Höhe und klatschte in die Hände. Dann rannte er zu dem Busch, wo das Skelett lag.

„Du hast dein Versprechen also gehalten", sagte das Skelett mit seiner sanften Stimme.

„Ja, natürlich", sagte der Junge. „Und der Menschenfresser ist tot."

„Ich dachte mir, daß er sterben würde", sagte das Skelett. „Bitte fülle mir noch einmal die Pfeife und zünde sie mir an."

Der Junge zündete die Pfeife an und wollte sie dem Skelett wieder zwischen die Zähne schieben. Aber das Skelett sagte: „Nein, diesmal mußt du die Pfeife rauchen. Geh überall auf der Insel herum und rauche. Nach jedem vierten Zug nimmst du die Pfeife aus dem Mund, hältst sie mit dem Pfeifenstiel gegen die Erde und sagst diesen Zauberspruch auf:

,Raucht, ihr Gebeine! Raucht, ihr Gebeine!
Ihr liegt stumm herum wie tote Steine,
Tote ohne Augen, ohne etwas zu sehen,
ich gebiete euch, nun aufzustehen.
Knochen, die man in den Staub gelegt,
ich gebiete euch, steht auf und geht!
Tote, ihr sollt gehen und laufen
und kräftig aus der Pfeife schmauchen!'

Schau dich nicht um, denn du wirst nichts sehen, falls du es tust. Wenn du überall auf der Insel herumgelaufen bist und geraucht hast, bergauf, bergab und hierher und dorthin, und wenn kein Tabak mehr im Pfeifenkopf ist, komm hierher zurück."

Der Junge war ziemlich verwirrt, tat aber genau das, was das Skelett ihm befohlen hatte. Er nahm vier Züge aus der Pfeife, hielt sie mit dem Stiel gegen die Erde und wiederholte den Zauberspruch. Er hörte, daß sich etwas hinter ihm bewegte, doch das Skelett rief mit sanfter Stimme: „Schau dich nicht um!" Also ging der Junge weiter, nahm vier Züge aus der Pfeife, drehte den Pfeifenstiel zur Erde und wiederholte immer wieder den Zauberspruch. Der Pfeifenrauch verbreitete sich und hüllte den Boden ein, so daß er schon bald in einer riesigen Wolke aus Tabakrauch dahinging und nichts mehr sah. Aber rings herum konnte er Bewegungen wahrnehmen und hörte Seufzer und Atemzüge.

Er wanderte rings um die Insel und kreuz und quer darüber hinweg. Alles kam ihm sehr merkwürdig vor, und er konnte sich nicht erklären, was eigentlich passierte. Trotzdem rauchte er immer weiter, drehte den Pfeifenstiel zur Erde und wiederholte den Zauberspruch. Als kein Tabak mehr im Pfeifenkopf war, kehrte er zu dem Busch zurück.

Da verzogen sich die ganzen Rauchschwaden, und die Sonne schien blendend hell, dennoch konnte er das Skelett nirgends sehen. Er ging um den Busch herum und fand einen hübschen jungen Krieger, der ein gelbbraunes Wildlederhemd und einen Kopfputz aus Adlerfedern trug. „Dir verdanke ich, daß ich wieder zum Leben erwacht bin", sagte er. „Meine Gebeine wirst du nirgends mehr finden. Aber schau dich einmal um!"

Der Junge schaute sich um. Die Insel war voll von Leuten. Es waren Krieger, Frauen, junge Männer, Mädchen und

kleine Kinder. „Ja, wir sind alle wieder am Leben. Und das verdanken wir nur dir", riefen sie. „Unsere Gebeine wirst du nirgends mehr finden."

Und alle jubelten vor Freude.

Dann trat ein sehr hübsches Mädchen zu dem Jungen und sagte: „Kennst du mich nicht mehr? Ich bin deine Schwester, die der grausame Menschenfresser getötet hat. Aber nun lebe ich ja wieder und will mit dir nach Hause zurückkehren."

„Nun leben wir alle wieder und wollen mit dir nach Hause zurückkehren", riefen die Leute.

Der Junge schaute die große Menschenmenge an und dachte an das kleine Kanu. „Ich weiß aber nicht, wie wir alle nach Hause gelangen sollen", sagte er ratlos.

„Oh, das ist das einfachste von der Welt", erwiderte der hübsche junge Krieger. „Kommt alle und seht selbst."

Er lief zum Strand hinunter, und alle folgten ihm. Die Schwäne waren verschwunden, aber auf dem Sand lagen genug Kanus, um sie alle zu transportieren. Der tote Menschenfresser lag noch dort.

„Stopfe die Pfeife noch einmal, zünde sie an und lege sie neben ihn", sagte der hübsche junge Krieger.

Der Junge tat es und stieg dann mit allen anderen in die Kanus. Lachend und singend paddelten sie von der Insel weg. Der Junge schaute zurück. In einer großen Wolke stieg Rauch aus der Pfeife auf, dehnte sich aus und wurde immer größer, bis die ganze Insel eingehüllt war. Dann ertönte ein tiefes, gurgelndes Geräusch, und der Rauch verzog sich. Wo die Insel zuvor gewesen war, gab es nun nichts mehr außer den Wellen, auf denen das Sonnenlicht glitzerte.

Fröhlich paddelten sie weiter und landeten schließlich an dem steinigen Strand. In einer langen Prozession gingen sie den Weg zwischen den wilden Rosenbüschen entlang.

Der hübsche Krieger sog den Duft der Rosen tief ein. „Das ist viel besser, als nur als Gebeine herumzuliegen", sagte er. „Da wir als Skelette alle zusammen gewesen sind, wollen wir nun auch als Lebende zusammenbleiben!" schlug er dann vor.

„Ja, wir wollen alle zusammenbleiben!" sagten die anderen.

„Aber ich weiß nicht, wie wir alle Platz im Haus meines Onkels haben sollen", sagte der Junge.

„Oh, das ist das einfachste von der Welt", sagte der hübsche junge Krieger. „Kommt alle und seht selber."

Sie kamen zu dem Haus und stellten fest, daß es sich in ein großes Dorf verwandelt hatte. Und der Onkel des Jungen lief aufgeregt auf und ab und hatte keine Ahnung, was er von dem Ganzen halten sollte.

„Wir sind zu dir nach Hause zurückgekommen, Onkel", sagte der Junge.

„Ja, wir sind zu dir nach Hause zurückgekommen, Onkel", sagte die Schwester des Jungen.

„Wir sind alle nach Hause zu dir gekommen", sagten die Leute.

Und so ließen sie sich alle in jenem fernen Land nieder und wurden ein mächtiger Stamm. Man kannte sie weit und breit unter dem Namen *Rauchende Gebeine*.

Wie die heilige Gabe des Festes
zu den Menschen kam

Alaska

Es war einmal eine Zeit, da die Menschen keine Freude kannten. Ihr ganzes Leben bestand aus Arbeit, Essen, Verdauung und Schlaf. Ein Tag verging wie der andere. Sie schliefen nach ihren Mühen ein, nur, um zu neuer Anstrengung zu erwachen. Und ihr Sinn verzehrte sich in Einförmigkeit.

In dieser Zeit lebte ein Mann mit seiner Frau einsam in einem Dorf, nicht weit vom Meer entfernt. Sie hatten drei Söhne, tüchtige Knaben, die gerne ebenso große Jäger werden wollten wie ihr Vater. Sie trieben allerlei Leibesübungen, die sie stark und ausdauernd machten, noch ehe sie erwachsen waren. Und Vater und Mutter waren stolz auf sie; denn sie sollten ihre Stütze im Alter werden und ihnen Nahrung verschaffen, wenn sie selbst es nicht mehr vermochten.

Aber da geschah es, daß zuerst der älteste Sohn auf der Jagd verschwand und dann der zweitälteste. Sie kamen nicht zurück, und sie hinterließen keine Spur. Niemand konnte nach ihnen suchen. Vater und Mutter trauerten tief über ihren Verlust und achteten nun ängstlich auf den jüngsten Knaben, der schon so groß war, daß er mit seinem Vater auf die Jagd gehen konnte. Der Sohn, er hieß Teriaq (Hermelin), jagte am liebsten das wilde Rentier; der Vater ging am liebsten auf Seetierfang. Da Jäger nicht ihr ganzes Leben in Angst verbringen können, durfte der Knabe gehen, wohin er Lust hatte, tief ins Land hinein, während der Vater in seinem Kajak auf das Meer hinausruderte.

Eines Tages war Teriaq wie gewöhnlich auf Rentierjagd. Da erblickte er einen gewaltigen Adler, einen großen, jungen Adler, der über ihm kreiste. Teriaq nahm hurtig seine Pfeile hervor. Da senkte sich der Adler herab und setzte sich ein wenig von ihm entfernt auf die Erde. Er streifte seine Kapuze vom Kopf und wurde zum Menschen. Und er sprach zum Rentierjäger:

„Ich bin es, der deine beiden Brüder getötet hat. Ich werde auch dich töten, wenn du mir nicht versprichst, Gesangfeste zu feiern, sobald du nach Hause kommst. Willst du oder willst du nicht?"

„Ich will es gerne, aber ich verstehe nicht, was du sagst. Was ist Gesang? Was ist Fest?"

„Willst du, oder willst du nicht?"

„Ich will gern, aber ich weiß nicht, was es ist."

„Wenn du mir folgst, wird meine Mutter dich lehren, was du nicht verstehst. Deine beiden Brüder verschmähten die Gabe des Gesanges und des Festes; sie wollten nicht lernen; darum tötete ich sie. Nun kannst du mir folgen, und sobald du gelernt hast, Worte zu einem Gesang zusammenzusetzen und diesen zu singen, und sobald du gelernt hast, vor Freude zu tanzen, wird es dir frei gestattet sein, in dein Dorf heimzukehren."

„Ich komme mit", antwortete Teriaq. Dann brachen sie auf. Der Adler war kein Vogel mehr, sondern ein großer und kräftiger Mann in schimmerndem Gewand aus Adlerfedern. Sie gingen und gingen weit, weit über das Land hin, durch Schluchten und Täler, bis zu einem hohen Berg, den sie zu besteigen begannen.

„Hoch oben auf den Gipfel dieses Berges liegt unser Haus", sagte der junge Adler.

Und sie stiegen den Berg hinauf, kamen höher und höher hinauf und hatten eine weite Aussicht über die Ebenen, wo die Menschen Rentiere zu jagen pflegten. Aber als sie sich dem Berggipfel näherten, hörten sie plötzlich einen pochenden Laut, der stärker und immer stärker wurde, je näher sie dem Gipfel kamen. Es hörte sich an wie der Schlag von gewaltigen Hämmern, und so stark war das Dröhnen, daß Teriaq die Ohren sausten.

„Kannst du etwas hören?" fragte der Adler.

„Ja, einen seltsamen, ohrenbetäubenden Lärm, den ich niemals je zuvor gehört habe!"

„Es ist meiner Mutter Herz, das klopft", antwortete der Adler.

Dann kamen sie zum Haus des Adlers, das ganz oben auf dem höchsten Gipfel erbaut war.

„Warte hier, bis ich zurückkomme, ich muß meine Mutter vorbereiten", sagte der Adler und ging hinein.

Nach einem Augenblick kehrte er zurück und holte Teriaq. Sie gingen in einen großen Raum, der in gleicher Weise gebaut war wie die Häuser der Menschen; drinnen auf der Schlafbank saß ganz allein die Mutter des Adlers, hinfällig und betrübt. Nun ergriff der Sohn das Wort und sagte:

„Hier ist ein Mann, der versprochen hat, ein Gesangfest zu halten, wenn er nach Hause kommt. Aber er sagt, daß die Menschen nicht verstehen, Worte zu einem Gesang zusammenzusetzen, und sie verstehen auch nicht, die Trommel zu schlagen und vor Freude zu tanzen. Mutter, die Menschen verstehen nicht, ein Fest zu feiern, und nun ist dieser junge Mann gekommen, um es zu lernen!"

Diese Worte brachten großes Leben in die alte, hinfällige Adlermutter, und ihre müden Augen leuchteten plötzlich auf, während sie sagte:

„Zuerst müßt ihr ein Festhaus bauen, in dem sich viele Menschen versammeln können."

Nun bauten die beiden jungen Männer das Festhaus, das „Qagsse" genannt wird und das größer und schöner ist als gewöhnliche Häuser. Und als er fertig war, lehrte sie die Adlermutter, Worte zu einem Gesang zusammenzusetzen und die Töne zusammenzufügen, so daß sie zu Melodien wurden. Sie fertigte eine Trommel an und lehrte sie, die Trommel im Takt zu den Liedern zu schlagen, und sie zeigte ihnen, wie man zu den Gesängen tanzen muß. Als Teriaq all das gelernt hatte, sagte sie:

„Vor jedem Fest sollt ihr viel Fleisch sammeln und dann viele Menschen einladen. Dies sollt ihr tun, wenn ihr euch ein Festhaus gebaut und eure Lieder gedichtet habt; denn der Menschen Beisammensein in der Freude erfordert große Festgelage!"

„Aber wir wissen von keinen anderen Menschen als von uns selbst", antwortete Teriaq.

„Die Menschen sind einsam, weil sie noch nicht die Gabe des Festes erhalten haben", sagte die Adlermutter. „Trefft nun eure Vorbereitungen, so, wie ich euch gesagt habe. Wenn alles bereit ist, sollst du hinausgehen, um nach Menschen zu suchen. Du wirst sie zu zweien treffen. Du sollst sie versammeln, bis es recht viele sind, und sie einladen. Und dann sollt ihr ein Gesangfest feiern."

So sprach die alte Adlermutter; und als sie Teriaq genau eingeprägt hatte, was er tun sollte, sagte sie schließlich:

„Wohl bin ich ein Adler, aber doch auch eine alte Frau, welche die gleichen Freuden hat wie andere Frauen. Ein Geschenk verlangt ein Gegengeschenk, und es wäre angebracht, wenn du mir zum Abschied ein wenig Sehnenschnur geben wolltest. Unbedeutend bleibt zwar deine Wiedervergeltung, aber sie würde mich doch freuen."

Teriaq war zuerst unglücklich; denn woher sollte er sich hier, so weit weg von seinem Dorf, Sehnenschnur verschaffen? Aber dann dachte er an die Sorrunge für seine Pfeilspitzen, und er wickelte sie ab und gab sie dem Adler. So unbedeutend war sein Gegengeschenk für alles, was er bekommen hatte.

Darauf zog der junge Adler sein schimmerndes Gewand wieder an und bat seinen Gast, sich auf seinen Rücken zu legen und die Arme um seinen Hals zu schlingen. Dann flog er hastig den Berg hinunter. Ein starkes Sausen entstand ringsum, und Teriaq dachte, es wäre vorbei mit ihm. Doch das Ganze dauerte nur einen Augenblick, dann hielt der Adler an und bat ihn, die Augen zu öffnen. Da waren sie schon an jener Stelle, wo sie sich getroffen hatten. Sie verabschiedeten sich herzlich voneinander; sie waren Freunde geworden und trennten sich nun. Teriaq aber eilte nach Hause zu seinen Eltern und erzählte ihnen alles, was er erlebt hatte. Und mit diesen Worten schloß er einen Bericht:

„Die Menschen sind einsam und leben ohne Freude, weil sie kein Fest zu feiern verstehen. Nun haben mir die Adler das heilige Geschenk des Festes gegeben, und ich habe gelobt, alle Menschen an der Gabe teilnehmen zu lassen."

Vater und Mutter lauschten verwundert den Worten des Sohnes und schüttelten ungläubig das Haupt; denn wer niemals sein Blut heiß werden und nie sein Herz in Erregung schlagen fühlte, kann des Adlers Geschenk mit seinen Gedanken nicht erfassen. Aber die Alten durften nicht widersprechen; denn schon zwei ihrer Söhne hatten die Adler genommen, und sie verstanden, daß das Gebot befolgt werden mußte, wenn sie den letzten Sohn behalten wollten. Darum taten sie alles, was die Adler verlangt hatten. Ein Festhaus gleich dem des Adlers wurde gebaut, und die Fleischständer wurden mit Fleisch der See- und Rentiere gefüllt.

Vater und Sohn setzten fröhliche Worte zusammen, schilderten liebe und ernste Erinnerungen im Gesang, den sie zu Melodien stimmten. Sie machten sich Trommeln, lärmende Holztrommeln aus runden Holzrahmen mit ausgespannten Rentierfellen, und im Takt mit den Schlägen der Trommeln bewegten sie Arme und Beine zu den Liedern in ausgelassenen Sprüngen, in mutwilligen Krümmungen des Körpers. Sowohl der Körper als auch die Gedanken wurden heiß; sie begannen alles ringsum in vollkommen neuer Weise zu fühlen und zu sehen. Es konnte vorkommen, daß sie an manch einem Abend spaßten und lachten, schwatzhaft und übermütig, zu einer Zeit, wo sie sonst aus Langeweile einen endlosen Abend lang geschnarcht hätten.

Sobald alle Vorbereitungen getroffen waren, ging Teriaq hinaus, um die Leute zum Fest einzuladen, das sie feiern sollten. Zu seinem großen Erstaunen entdeckte er nun, daß er und seine Eltern nicht mehr einsam waren wie stets zuvor. Frohe Menschen erhalten Gesellschaft. Er traf plötzlich überall Menschen, aber nur zu zweit, seltsame Menschen, einige in Wolfspelze gekleidet, andere in Felle von Vielfraß, Luchs, Rotfuchs, Silberfuchs, Kreuzfuchs, ja in Pelze von allen Tierarten. Teriaq lud sie zum Gastmahl in ihrem neuen Festhaus ein, und sie folgten ihm alle mit Freuden.

Dann hielten sie das Gesangfest ab — ein jeder brachte seine eigenen Lieder vor. Man lachte, erzählte und lärmte; und die Menschen waren sorgenfrei und froh, wie sie nie zuvor gewesen waren. Gastmähler wurden abgehalten, Fleischgaben ausgetauscht, Freundschaften geschlossen, und es gab auch einige, die sich Geschenke von kostbarem Pelzwerk machten. Die Nacht verging, und erst als das Morgenlicht ins Festhaus schien, nahmen die Gäste Abschied. Aber während sie in wildem Getümmel aus dem Hausgang stürzten, fielen sie alle vornüber auf ihre Hände und sprangen fort auf allen vieren. Jetzt waren sie keine Menschen mehr, sondern verwandelten sich in Wölfe, Vielfraße, Luchse, Silberfüchse, Kreuzfüchse, ja in alle Tiere des Waldes. Das waren Gäste, die der alte Adler geschickt hatte, damit Vater und Sohn nicht vergebens bitten sollten. So gewaltig war die Macht des Festes, daß selbst Tiere zu Menschen wurden. Und die Tiere, die immer einen leichteren Sinn hatten als die Menschen, wurden der Menschen erste Gäste in einem Festhaus.

Kurz darauf geschah es, daß Teriaq wieder draußen war, um zu jagen, und wieder traf er den Adler. Dieser schlug sofort seine Kapuze zurück und wurde zum Menschen, und sie gingen zusammen zur Adlerwohnung hinauf, denn die alte Adlermutter wollte noch einmal den Mann sehen, der das erste Fest der Menschen gefeiert hatte.

Aber schon ehe sie sich dem Gipfel genähert hatten, kam ihnen die Adlermutter entgegen, um zu danken, und siehe: Die alte, hinfällige Adlerin war wieder jung geworden.

Denn wenn die Menschen Feste feiern, werden alle alten Adler jung.

Von der Riesenmaus am Colville-Fluß und von den beiden Brüdern, die sie töteten

Alaska

Weit droben im Land bei Kangianeq, fast ganz oben an der Quelle des Colville-Flusses, liegt ein großer, schmaler See. Mitten im See ist eine Insel, und auf der Insel lebte ein Riesentier. Man nannte es „Ugjuknarpak", die Riesenmaus, denn es sah ungefähr aus wie eine Feldmaus, hatte jedoch eine so dicke und harte Haut, daß kein Pfeil, keine Harpune und kein Messer es durchdringen konnten, und außerdem hatte es einen langen, langen Schwanz, den es um seine Beute zu schlingen pflegte, wenn es angriff.

Alle Binnenlandbewohner vom oberen Colville-Fluß, die nach Nerleq fuhren, um mit den Leuten von Point Barrow zu handeln, mußten an diesem See vorbei, wo das Riesentier lebte, und das war der Schrecken aller. Verursachte man im Vorbeifahren bloß das geringste Geräusch, sprang die Riesenmaus sofort auf, griff das Reiseboot an und brachte es mit ihrem langen Ringelschwanz zum Kentern, und darauf biß sie alle Leute tot und fraß sie auf. So kam es, daß die Zahl der Binnenlandbewohner mit jedem Sommer geringer und immer geringer wurde. Und doch gab es keinen Weg außen um die Küste herum. Sobald das Eis des Flusses aufbrach, mußte man zur Küste hinunter, um Speck zu kaufen, und den gleichen Weg mußte man zurück, wenn man wieder ins Binnenland reiste, um Rentiere zu jagen, ehe der Fluß zufror.

Einmal, so wird erzählt, gab es einen Mann, der seine Tochter sehr liebte und nicht wollte, daß sie unterwegs umkäme. Als die Frauenboote — es waren sehr viele zusammen — aufbrachen, ließ er sie in ein fremdes Boot gehen, in dem nur wenige Menschen und Hunde waren und keine kleinen Kinder, die plötzlich anfangen konnten zu weinen.

Es kam auch so, wie der Vater gedacht hatte: Die Bootsgesellschaft des Mädchens kam gut vorbei; der Vater selbst und alle Reiseboote, die in seinem Gefolge waren, wurden angegriffen, und sie kamen um, bloß weil ein Hund da war, der ein wenig knurrte, als sie vorbeifuhren. Sofort spitzte die Riesenmaus ihre Ohren, erhob ihr gewaltiges Haupt und sprang auf die Boote los. Es waren viele Männer, die ihre Pfeile vergeblich auf ihren dicken Körper abschossen; da waren viele Kajakmänner, die ihre Rentierspeere in ihn hineinzujagen versuchten. Aber keine Waffe biß sich fest, und alle Boote wurden aus dem Fluß gezerrt und zerdrückt, und alle Männer, Frauen und Kinder, die darin waren, kamen jämmerlich um. Aber das junge Mädchen, das den Vater ebensosehr liebte, wie er sie geliebt hatte, wartete vergeblich auf die Ankunft ihrer Familie. Endlich kam der Winter, und da wußte sie, daß die Riesenmaus Vater und Mutter und alle ihre Brüder umgebracht hatte.

Bald darauf nahm sie einen Mann, und als die Zeit kam, da sie gebären mußte, schenkte sie einem Knaben das Leben.

Dieser wurde ein großer, gesunder Junge, stark und breit von Gestalt. Als er so groß war, daß man sich mit ihm verständigen konnte, pflegte die Mutter, sobald sich nur eine Gelegenheit bot, zu ihm zu sagen: „Ach, jetzt bist du ein Knabe, und einmal wirst du ein Mann sein; aber niemals wirst du die Kraft haben, deinen Großvater, deine Großmutter und die jungen Brüder deiner Mutter zu rächen!"

Das sagte sie, um sein Gemüt zu erregen, und damit er schon als Kind begreifen sollte, daß es allein bei ihm stünde und nur bei ihm, seiner Mutter Verwandtschaft zu rächen. Er bekam den Namen Kugshavak, das heißt Specht, und es dauerte nicht lange, da begann er, sich in allerhand Leibesübungen zu erproben. Seine Kräfte waren weit größer, als es seinem Alter entsprach. Er war nicht nur stärker als die Gleichaltrigen, sondern er übertraf sie auch an Schnelligkeit. So wuchs er auf, breitschultrig und flink. Jedes Jahr unternahmen Vater und Mutter mit ihm zusammen die gefährliche Flußreise. Und wenn sie an der Insel vorbeikamen, wo die Riesenmaus lebte, wies seine Mutter hinüber und prägte ihm ein, daß jene die einzige Beute in der Welt sei, die auf ihn warte. Aber gleichzeitig seufzte sie immer und flüsterte, daß Kugshavak niemals stark genug werden würde, die große Rache auf sich zu nehmen. So wuchs er auf.

Kugshavak bekam bald einen Bruder, der den Namen Ilagáneq, das heißt Gefährte, erhielt. Er wurde mit merkwürdigen Händen geboren, er hatte eine Haut zwischen den Fingern, und seine Hände glichen bald den Flossen eines Seehundes. Auch ihm erzählte die Mutter oft vom Untergang ihres Geschlechts; sie ließ ihn gleich seinem Bruder unter allerhand Leibesübungen aufwachsen, und unaufhörlich erfüllte sie sein Herz mit bitteren Rachegedanken. Sobald Kugshavak groß genug war, bekam er einen Kajak, und es dauerte nicht lange, da setzte er alle durch seine Schnelligkeit, seine Behendigkeit und seinen Wagemut in Erstaunen. Doch Ilagáneq, der wegen seiner mißgestalteten Hände kein Kajakruder umfassen konnte, wurde ein großer Schwimmer. Schon als kleiner Knabe begann er in den Seen zu üben, und nach einiger Zeit konnte er ebenso lange tauchen und unter Wasser schwimmen wie der große, bärtige Seehund.

So wuchsen die Brüder auf. Beide übertrafen die gewöhnlichen Menschen in allerlei Fertigkeiten; ihre Kräfte und Fähigkeiten waren ungewöhnlich, ja sie waren Riesen, die nicht von einer gewöhnlichen Frau geboren zu sein schienen. Und doch sagte ihnen die Mutter immer wieder, sooft sich nur eine Gelegenheit bot, daß sie niemals die Kraft haben würden, ihr Geschlecht zu rächen. Aber die Knaben bewegten sich täglich im Wasser des Flusses, der eine in seinem Kajak, der andere wie ein Seehund schwimmend.

Es wird erzählt, daß Kugshavak eines Tages flußaufwärts zu ihrem Wohnplatz ruderte, wo eine so starke Strömung war, daß niemals jemand versucht hatte, gegen den Strom zu rudern. Er aber kam und schleppte noch zwei große Rentiere an. Die Leute standen sprachlos vor den Zelten und starrten ihn an. Und als er die schäumende Stromschnelle durchfuhr, brachen alle in Beifallsrufe aus. Aber da sah es aus, als ob Kugshavak seine Antrengungen erst recht steigerte. Die beiden Rentiere, die er mit sich schleppte, schwangen im Kreis an der Fangleine, und eine solche Kraft legte er in seinen Ruderschlag, daß sie bald über, bald unter dem Wasser waren, ganz als ob sie lebten. Und er ruderte den Kajak so gewaltig ans Ufer, daß er mit beiden Rentieren trocken an Land stieß.

Nun glaubte die Mutter, daß die Zeit zur Rache gekommen sei; aber zuerst mußte Fleisch für das Haus aufgespeichert werden. Die Brüder gingen auf die Jagd und kamen mit Rentieren nach Hause, mit vielen, vielen Rentieren, so daß ihre Vorratsständer mit Fleisch und Fellen gefüllt wurden. Erst als kein Platz mehr da war für weitere Vorräte, brachen die beiden Brüder auf, um mit dem Riesentier zu kämpfen, Kugshavak in seinem Kajak, gefolgt von Ilagáneq, der bald neben ihm am Ufer entlang lief und bald im Fluß schwamm. So kamen sie zu der berüchtigten Insel hinunter und schlichen sich langsam ans Land, wo sie ihren Feind erblickten. Es war früh am Morgen, der Tau lag noch auf dem Gras und glänzte, und die Riesenmaus, die gerade erwacht war, lag da und gähnte schläfrig; und so gewaltig waren ihre Kiefer, daß man die ganze Morgenröte durch ihren Rachen hindurch sehen konnte.

Die beiden Brüder untersuchten zuerst das Land, bevor sie zum Angriff übergingen. Zwischen dem See und dem Fluß war eine Ebene; aber sie waren sich nicht einig darüber, ob diese groß genug war, um dem Ungeheuer zu entlaufen, falls es notwendig sein sollte. Darauf näherten sie sich der Stelle, wo die Riesenmaus lag, Kugshavak in seinem Kajak, Ilagáneq neben ihm schwimmend. Kaum hatte das Tier sie erblickt, da richtete es sich auf, knirschte mit den Zähnen und lief auf das Kajak zu, der scheinbar kehrtmachte und dann eiligst auf die Ebene zuruderte. In demselben Augenblick tauchte Ilagáneq aus dem See auf, und so hurtig schwamm er, daß er die Oberfläche des Wassers wie ein fliehender bärtiger Seehund zerteilte. Sofort wandte sich die Riesenmaus gegen den Mann im Wasser, aber beide Brüder erreichten wohlbehalten die Ebene und liefen nun aus allen Kräften, bis sie in die Nähe des Flusses kamen; hier machten sie halt, um den endgültigen Kampf zu wagen. Die Riesenmaus schien ihrer Beute sicher zu sein, aber die Brüder waren schnell und behend, und jedesmal, wenn sich der Rachen des Tieres über ihnen öffnete, sprangen sie zur Seite. Springend und scheinbar ausweichend, gewannen sie Zeit, um zu untersuchen, wie das Tier aussah. Seine Haut war dick und unverwundbar, aber sie entdeckten, daß sich an einer Stelle des Halses die Oberhaut ein wenig zusammenzog, wenn es seine Muskeln spannte. Dort mußte es verwundbar sein.

Beide Brüder hatten Feuersteinmesser mit langen Holz-schäften, und als das Tier nun ganz außer sich war vor Wut, daß es seine Gegner nicht in seine Gewalt bekommen konn-te, sprang zuerst Kugshavak hin und jagte sein Messer tief in die verwundbare Stelle am Hals, und in dem Augenblick, als es sich gegen ihn wandte, sprang Ilagáneq hinzu und stach von der anderen Seite. Das Blut strömte aus der Riesen-maus, sie ermattete, und ihre Bewegungen wurden langsa-mer. Abwechselnd wiederholten die Brüder ihren Angriff mit steigender Heftigkeit, und bald sank das Tier um und starb. Ihr alter Todfeind war nicht mehr, und sie untersuchten ihn und fanden in seiner Haut viele Pfeilspitzen und zerbrochene Feuersteinmesser, die nicht in sein Fleisch hatten eindringen können. Nun waren endlich alle jene Menschen gerächt, die sich mit diesen Waffen vergebens gegen das Tier gewehrt hatten. Aber die Brüder waren noch nicht fertig. Sie schnitten ihm den Kopf an der weichen Stelle des Halses ab und brach-ten ihn in eine Gegend des Flusses, die Ivanq heißt. Hier stellten sie den Kopf auf, damit alle Frauenboote, die den Fluß hinauf oder hinunter fuhren, den getöteten Feind sehen konnten.

Es ist lange her, seit dies geschah. Aber noch heute kann man das Haupt sehen, das groß wie ein Walroßkopf ist. Die Zähne sind ihm ausgefallen, aber es zeigen sich Spuren von Stoßzähnen, und es ist deutlich zu sehen, daß es eine lange, knorpelige Schnauze hatte, ungefähr wie die einer Feldmaus. Das Haupt verwittert vor Alter, und doch fürchtet man sich noch immer vor ihm, niemand darf an dieser Stelle laut re-den, alle rudern flüsternd vorbei, und selbst den Hunden bin-det man die Schnauze zu, damit sie keinen Laut von sich ge-ben können.

Aber die beiden Brüder kehrten nun nach Hause zurück und erzählten ihrer Mutter von der Tat, die sie vollbracht hatten. Und zum erstenmal in ihrem Leben sahen sie ihre Mutter lächeln und froh sein. Denn nun waren ihr Vater und ihre Mutter und ihre Brüder endlich gerächt durch ihre eigenen Söhne.

Das ist die Geschichte von Kugshavak und seinem Bruder Ilgáneq. Sie vollbrachten noch viele andere Taten und erlangten große Berühmtheit in allen Ländern.

Die Geschichte von „Wolf"

Alaska

Es war einmal ein Mann mit seiner Frau, die ganz allein ohne Gefährten an einem großen Fluß wohnten. Die Frau wurde schwanger und gebar einen Knaben, ihr einziges Kind, das den Namen „Wolf" erhielt. Er sollte starke Amulette haben, die ihn beschützen konnten, wenn er in Lebensgefahr kam, und darum gaben sie ihm Rauch von einem Feuer, einen Hermelin und die Steuerfeder eines Pfeiles.

Der Knabe wuchs zum Jüngling heran und konnte bald mit dem Vater auf die Rentierjagd gehen.

Eines Tages kam er zu seinem Vater und sagte: „Vater, gibt es gar keine anderen Menschen in der Welt?"

„Ja, doch, weit, weit von hier", antwortete der Vater.

„Ich will hinaus, um nach ihnen zu suchen", sagte der Sohn, und er machte sich gleich reisefertig und zog von dannen. Beim Abschied schenkte ihm seine Mutter ein Armband aus Kupfer und drei Perlen und sagte:

„Für all dies wirst du einmal Verwendung haben."

Und dann zog er hinaus in die Welt, um nach Menschen zu suchen.

Wolf folgte dem Fluß und kam nach einigen Tagen an die große Krümmung, die in ein hohes Gebirge hinaufführte. Er ging und wanderte immer weiter, aber es schien, als ob er dem Gebirge niemals näher käme. Plötzlich stand eine Frau, eine sehr alte Frau vor ihm, breitete ihre Arme aus und rief:

„Ob du wohl der sein solltest, der mir Geschenke bringt? Bist du der, den ich erwarte, dann sollst du mein Enkelkind bekommen."

Wolf gab ihr sein Kupferarmband und übernachtete in ihrem Haus. Bei seiner Abreise sagte die alte Frau:

„Wenn du jemals in Gefahr kommst, dann denke nur an mich und wünsche meine Hilfe; dann wirst du sie auch bekommen!"

Wolf zog weiter und kam wieder an eine Flußbiegung, eine große Windung, die ihn zu einem Höhenzug hinaufführte. Wieder ereignete sich das gleiche; er konnte nicht vorwärts kommen. Plötzlich stand ein alter Mann vor ihm, streckte ihm seine Hände entgegen und sagte:

„Hast du mir etwas zu geben? Bist du der, den ich erwarte, dann sollst du mein Enkelkind bekommen. Sie wird dir entgegenlaufen, wenn du dich ihrem Wohnplatz näherst. Sie ist ein tüchtiger Läufer, aber wenn du schneller bist als sie, wird sie dein werden; denn sie wird nur den heiraten, der vor ihr in ihr Haus kommt."

Der alte Mann bekam eine Perle, und Wolf übernachtete bei ihm. Am folgenden Tag brach er auf, und der Alte sagte zu ihm:

„Wenn du jemals in Gefahr kommst, so denke an mich und wünsche meine Hilfe; dann wirst du sie auch erhalten!"

Die alte Frau und der alte Mann waren Gespenster. Sie waren Mann und Frau, die an zwei verschiedenen Stellen begraben waren, und der junge Mann hatte also in ihren Gräbern gewohnt. Denn wenn tote Leute auf der Erde umherziehen, werden ihre Gräber zu Häusern. Nun hatte Wolf die Freundschaft der Toten und ihre Kraft und ihren Schutz erhalten, und das sollte ihm später von großem Nutzen sein.

Wolf ging und ging immer weiter, bis er einen großen Wohnplatz erblickte. Kaum hatte er ihn entdeckt, da lief ihm eine Frau entgegen, ein junges und schönes Mädchen. Sie begannen sofort, miteinander um die Wette zu laufen. Sie war eine gute Läuferin, aber Wolf war dennoch schneller. Er überholte sie und kam zuerst in ihr Haus. Hier wurde er mit leckeren Speisen bewirtet, und alle waren freundlich zu ihm.

Nach der Mahlzeit wünschte die junge Frau ein Ballspiel mit ihm zu machen. Der Ball hing oben an der Decke, hoch oben an einer kurzen Schnur, und man spielte in der Weise, daß man mit beiden Beinen hochhüpfen und dabei versuchen mußte, den Ball zu treffen. Er verlor, und sie gewann.

Nun wollte die junge Frau „Trockenhecke" spielen, ein Springspiel, das so genannt wird, weil das Gerät, worüber man springt, dem Trockengestell über den Specklampen gleicht, auf dem die Frauen Fußzeug und Kleider trocknen. Viele Stäbe werden an zwei Balken festgebunden wie die Sprossen einer Leiter, und die Balken werden in gutem Abstand von der Erde waagrecht befestigt; dann hüpft man mit beiden Beinen zugleich über die Stäbe, zuerst über einen und dann über den anderen und so weiter. In diesem Spiel verlor er wieder, und sie gewann. Darauf wurden sie Mann und Frau.

Den ganzen Winter hindurch lebten sie glücklich miteinander. Dann kam der Frühling, und die Rentierjagd begann. Wolf wollte fort, aber er wollte seine Frau mitnehmen.

„Nein, das darfst du nicht. Alle Frauen, die mit auf Rentierjagd gehen, kommen nicht zurück, sie verschwinden", sagte sein Schwager. „Du kannst deine Frau nicht mitnehmen." Aber Wolf bestand trotz allem darauf, seine Frau mitzunehmen; sie sollte ihm beim Fleischtrocknen helfen; und da sagte sein Schwager: „Tu, was du willst, Trotzkopf!"

Dann wanderten die Rentierjäger ins Land hinein; Wolf

ging mit und verlor seine Frau niemals aus den Augen, sie war stets an seiner Seite. Der Sommer verging, und es geschah nichts; Mann und Frau waren immer zusammen. Als der erste Schnee zu fallen begann, sammelten sie all ihr getrocknetes Fleisch, einiges nahmen sie mit, anderes legten sie in Vorratslagern nieder, und dann verließen sie das Jagdlager und begaben sich auf den Heimweg nach ihrem Wohnplatz.

Eines Tages sah Wolf ein Rentier und fing an, es zu jagen; seine Frau hatte er stets vor sich. Er schoß seinen Pfeil ab, aber als er zielte, hatte er einen Augenblick die Augen von seiner Frau abgewandt, und fort war sie, spurlos verschwunden.

Wolf setzte sich nieder und weinte, und seine Schwäger, die auch auf dem Heimweg waren, kamen zu ihm und sagten:

„Ja, was sagten wir? Keine Frauen dürfen mit auf die Jagd kommen! Geh jetzt nur mit uns heim; da ist nichts zu machen!"

„Nein", sagte Wolf, „ich will an jener Stelle sterben, wo ich meine Frau zuletzt gesehen habe."

Und wieder brach er in Tränen aus und hörte nicht auf zu weinen. Er wollte nicht essen und wollte nicht jagen. Er rührte sich nicht von der Stelle; er wollte sterben.

Aber eines Tages drang ein Laut an seine Ohren. Der Laut wurde stärker und kam näher und näher. Es schaute auf und gewahrte zwei junge, fremde Männer; der eine war in Hosen aus dem Fell des Vielfraßes gekleidet, der andere hatte Hosen aus Wolfsfell an. Es waren ein Vielfraß und ein Wolf in Menschengestalt. Und sie kamen zu ihm und sagten:

„Wir wissen, wo deine Frau ist."

„Führt mich sofort dorthin!" rief Wolf.

„Nein, das können wir nicht. Es ist weit, weit fort. Sie ist in der Nähe eines hohen Gebirges in einer Schlucht verborgen, und es ist sehr gefährlich, dorthin zu reisen. Aber gib du uns eine Perle, dann werden wir dir alles erzählen, was wir wissen."

Die beiden fremden Männer erhielten je eine Perle, und sie erzählten Wolf, was sie über den Weg wußten. Er sprang sofort auf und lief und lief, so schnell er konnte, in die Richtung, die sie angegeben hatten. Nach fünf Tagen bekam er ein hohes Gebirge zu Gesicht. In der Nähe des Gebirges war eine Schlucht, und weit, weit entfernt lag auch ein Haus mit einem großen Fleischständer davor, und als er näher kam, sah er oben auf dem Ständer Rentiere hängen, die noch ihre Hörner hatten und noch nicht zerlegt waren. Vorsichtig schlich er näher, und ein wenig vom Haus entfernt erblickte er einen Kranich und ganz nahe an der Schutzmauer des Hauseinganges einen Luchs. Auf dem Fleischständer lag ein Adlerbalg. Der Kranich und der Luchs waren Wächter, und es war ein Adler, der dort wohnte, ein Adler in Menschengestalt. Sein Balg lag auf dem Ständer, wenn er kein Vogel war.

Wolf zog eines seiner Amulette hervor und verwandelte sich in ein Hermelin, kroch unter den Schnee und kam am Kranich vorbei, ohne daß dieser es bemerkte. Dann ging er weiter als Hermelin, aber als er am Fleischständer vorüberging, öffnete der Adler die Augen; hier wohnten wachsame Leute, selbst der Adlerbalg hielt Wache. Das Hermelin schlüpfte wieder unter den Schnee, kam am Luchs vorbei, der nichts merkte, und verbarg sich in der Schutzmauer vor dem Hauseingang.

Wolf hielt sich gut versteckt und sah bis spät in den Abend hinein keinen Menschen. Da kam der Adler mit seiner Frau heraus, und als Wolf sie sah, schlug sein Herz so stark, daß er sich fast nicht ruhig halten konnte. Dann füllte sich der ganze Platz innerhalb der Schutzmauer mit Frauen, mit geraubten Frauen, die vor Beginn der Nacht unter Aufsicht ihr Wasser lassen mußten. Als alle fertig waren, ging man wieder ins Haus hinein, und dann wurde es still. Aber Wolf folgte ihnen, unsichtbar wie sein Rauchamulett, und er stieß dem Adler ununterbrochen Rauch in die Augen, so daß dieser zuletzt ganz schläfrig wurde und in einen tiefen Schlaf fiel. Sofort weckte Wolf alle Frauen und flüsterte ihnen zu, daß sie nun fliehen könnten, wenn sie heim wollten. Ihr Zeug war hoch oben unter der Decke versteckt, und er mußte es ihnen erst herunterholen, bevor sie fort konnten. Aber ehe er selbst fortzog, wollte er den Adler erst ganz unschädlich machen; und als er ein großes Feuersteinbeil fand, schlug er ihm den Kopf ab. Im selben Augenblick gab es einen Schlag, und nun sah er, daß der Ausgang des Hauses verschwunden war. Er befand sich in einer glatten Felsenhöhle, in schwarzer Finsternis, und er mußte sich vorantasten, um einen Weg zu finden. Da entdeckte er hoch oben unter der Decke einen kleinen Lichtstreifen, der durch eine Felsspalte schimmerte. Wolf verwandelte sich in sein drittes Amulett, das die Steuerfeder eines Pfeiles war, und schoß so durch den Spalt.

Der Kranich und der Luchs waren nach dem Tod des Adlers machtlos geworden. Das einzige, was ihm und den Befreiten nun drohte, waren die Hindernisse, die ihnen von der Seele des Getöteten durch Zauber auf den Weg gelegt wurden, den sie gehen mußten. Wolf überschaute das Land; überall sah er Frauen laufen, fast alle in verschiedene Richtungen; sie eilten heim zu ihren Wohnplätzen, wo ihre Männer vielleicht seit langer Zeit die Hoffnung aufgegeben hatten, sie wiederzusehen.

Wolf setzte seiner Frau nach, und da er wußte, daß die Zauberkünste des getöteten Adlers nur ihn allein zu treffen suchten, sah er sich aufmerksam um, während er mit ihr lief.

„Du geliebter Kamerad im Wettstreit", sagte er zu ihr,

„zeige mir nun, wie schnell du sein kannst!" Im selben Augenblick hörte er hinter sich einen donnernden Lärm wie von einem Felssturz, der die Erde trifft, und als er sich umsah, gewahrte er einen gewaltigen Stein, der hinter ihnen herrollte und die ganze Erde ringsum aufwühlte. Der Stein, der mit der Geschwindigkeit eines Schneetreibens über die Erde rollte, war von der Seele des getöteten Adlers ausgesandt, und ihm konnte kein lebendiger Mensch entrinnen; aber Wolf dachte an den alten Toten, der versprochen hatte, ihm zu helfen, und er rief ihn herbei. Im selben Augenblick standen sie neben seinem Grab, das sich in ein Haus verwandelte. Er kam heraus und ließ sie herein, während der Stein eine Wendung machte und vorbeirollte.

Wolf blieb bei dem alten Toten, bis man den Stein weder hören noch sehen konnte; dann brach er auf und setzte den Lauf zu seinem Wohnplatz fort. Aber kaum war er mit seiner Frau wieder auf eine große, offene Ebene gekommen, wo keine Verstecke zu finden waren, da kam der Stein wieder zum Vorschein mit einer Wolke von Erde und Steinen um sich herum. Dieses Mal rief Wolf die alte tote Frau an, die das Kupferarmband seiner Mutter bekommen hatte. Sie kam, wie ihr Mann, im selben Augenblick, da er sie anrief, und gab ihnen Schutz in ihrem Grab und schickte den Stein weiter um ihr Haus herum.

„Es ist am besten, ihr bleibt hier bis morgen", sagte die tote Frau, „denn die Waffe des Adlers muß Zeit haben, ihre Kraft abzulaufen."

Wolf und seine Frau übernachteten zusammen in dem Grab, und erst am nächsten Tag brachen sie auf. Sie liefen, wie sie es stets zu tun pflegten, aus allen Kräften und erreichten wohlbehalten ihren Wohnplatz. Als sie gegen Mittag über eine Ebene gingen, sahen sie abermals den rollenden Stein des Adlers, aber er hatte den größten Teil seiner magischen

Kraft verloren und war ganz klein geworden; er rollte nur noch langsam und ungefährlich über die Erde hin.

Am Wohnplatz herrschte große Freude über Wolfs Tat, und das nicht nur an seinem eigenen Wohnplatz, sondern von weit her kamen die Männer aus fremden Dörfern gereist, um Wolf zu danken. Es waren Männer, die einst ihre Frauen verloren und sie nun wiedererhalten hatten, nachdem der Frauenräuber getötet worden war. Alle diese dankbaren Ehemänner machten Wolf zu ihrem Häuptling, und er lebte glücklich bis an das Ende seiner Tage als ein Mann, der von den Menschen geliebt und verehrt wurde.

Das ist die Geschichte von Wolf, der zuerst seine Frau verlor und sie nachher wiedergewann.

Die Karibu-Frau

Alaska

Weit, weit weg, an den Küsten des Nördlichen Eismeers in Nordwestamerika lebte einmal ein Robbenjäger mit seiner Frau. Dieser Robbenjäger war ein jähzorniger, grausamer Mann, der seine Frau gnadenlos mit einem Stock verprügelte, sobald ihm irgend etwas nicht paßte.

Die arme junge Frau hatte ein hartes Leben. Eines Morgens konnte sie es einfach nicht länger ertragen. Kurz nachdem ihr Mann wie üblich auf Robbenjagd gegangen war, packte sie ein paar Nahrungsmittel in einen kleinen Beutel und lief weg.

Sie ging und ging und ging, tagelang, immer weiter über die weite, steinige Ebene, Tundra genannt. Sehr bald hatte sie nichts mehr zu essen im Beutel und mußte sich von den Beeren ernähren, die sie ab und zu an den niedrigen Büschen fand, mit denen die Tundra bewachsen war. Ganz in der Ferne konnte sie eine Bergkette sehen, hinter der sie als Kind mit ihrer Familie gelebt hatte. Oh, hoffentlich fand sie zu ihren Verwandten zurück! Wenn sie bei ihnen wäre, könnte ihr nichts mehr passieren! Die arme Seele! Woher sollte sie denn wissen, daß ihre Verwandten vor langer Zeit die alte Heimat verlassen und sich nach Süden gewandt hatten? Aber es hätte auch nichts geändert, wenn sie das gewußt hätte. In keinem Fall konnte sie die Berge erreichen, denn ihre Kräfte schwanden dahin.

Nachdem sie sich eines Morgens steif, hungrig und erschöpft von ihrem Schlafplatz unter einem Busch erhoben hatte, schleppte sie sich mühsam weiter. Da stieß ihr Fuß gegen eine Unebenheit, sie rutschte aus und fiel durch ein Erdloch in die Tiefe. Wo war sie gelandet? Im Zimmer einer unterirdischen Wohnung. Ein Glück, daß gerade kein Feuer brannte, denn sie war durch den Kamin heruntergefallen. Essen gab es in Hülle und Fülle – von der Decke hingen geräucherte Schinken –, aber sie traute sich nicht zu essen. Benommen und geschwächt saß sie auf dem Boden, als sie über sich Schritte und dann die ärgerliche Stimme eines Mannes hörte, der durch den Kamin herunterrief: „He, he, wer ist in meine Wohnung eingebrochen? Wer versteckt sich da unten?"

Die verschreckte Frau konnte keine Antwort geben.

Da erscholl die Männerstimme von neuem. „Diesmal entwischst du mir nicht! Ich dulde es nicht, daß mich jemand bestiehlt."

Die Schritte entfernten sich. Doch gleich darauf erdröhnten sie wieder in einem unterirdischen Gang, und dann stampfte ein großer Mann in die Küche und starrte verblüfft die arme, zitternde Frau an.

„Wer bist du? Woher kommst du? Und was tust du hier?" fragte er rasch. „Ach, laß nur", fuhr er dann fort. „Ich sehe, daß du völlig erschöpft bist. Du mußt zuerst etwas essen."

Er füllte ihr einen Teller mit Brei, den sie dankbar aufaß. Währenddessen stand er neben ihr und beobachtete sie. Er wirkte nicht unfreundlich, schien sich aber so seine Gedanken zu machen.

Als sie fertig gegessen hatte und ihm mit einem Lächeln dankte, setzte er sich neben sie, ergriff ihre Hand und sagte: „Jetzt erzähl mit mal deine Geschichte." Also erzählte sie ihm alles. Er hörte sich die traurige Geschichte bis zum Ende an, runzelte die Stirn, lächelte dann plötzlich und sagte: „Du kannst hierbleiben und für mich sorgen. Ich werde dich zur Frau nehmen."

Und also wurde sie seine Frau. Er war sehr gut zu ihr, und sie fühlte sich überaus glücklich. Fleißig putzte und kochte sie und fertigte auch Kleider aus den Häuten der Tiere an, die der Mann erlegte. Im Laufe der Zeit bekam sie einen kleinen Sohn und dann noch einen zweiten. Also mußte sie sich nun um drei kümmern, um ihren Mann und die zwei kleinen Jungen. Es waren starke hübsche Jungen, die vor nichts und niemandem Angst hatten. Sobald sie herumlaufen konnten, fingen sie auch schon an, mit kleinen Pfeilen und Bogen zu üben, die ihr Vater für sie bastelte. Sie sehnten sich nach dem Tag, an dem sie mit ihm auf die Jagd gehen konnten.

Der Jäger war aber nicht ohne Sorge, so hatte es den Anschein. Bevor er zur Jagd ging, sagte er jedesmal zu seiner Frau: „Verlaß die Wohnung nie, wenn ich weg bin. Aus keinem Grund, hörst du! Falls irgendwelche Besucher kommen sollten, mußt du sie natürlich gastfreundlich empfangen, ihnen zu essen und zu trinken geben, aber hör nicht auf ihr Gechwätz und werde sie so bald wie möglich wieder los! Oh, meine Frau, achte auf meine Warnungen, denn es würde mir das Herz brechen, dich zu verlieren."

„Ich will dir in allen Dingen gehorchen", sagte seine Frau. „Ich lebe nur, um deine Wünsche zu erfüllen."

Als der Mann eines Wintertages auf der Jagd war und die beiden kleinen Jungen im Freien mit Pfeil und Bogen übten, klopfte plötzlich eine häßliche alte Frau an die Tür. Doch diese alte Frau wartete nicht ab, bis ihr die Tür geöffnet wurde, sondern kam schon nach dem ersten Klopfen hereingestampft und setzte sich ans Feuer. Und wie diese Alte redete und redete! Die Frau des Jägers nähte gerade für einen der kleinen Jungen einen Fellmantel. Da sie sich an die Warnungen ihres Mannes erinnerte, nickte sie der alten Frau nur freundlich zu und fuhr mit ihrer Näharbeit fort.

Schließlich geriet die alte Frau in Zorn und schrie: „Na schön, wenn ich hier als Besucher derartig behandelt werde, dann verschwinde ich lieber wieder."

Mit stampfenden Schritten verließ die Alte das Zimmer und warf die Tür hinter sich zu. Was aber tat sie, als sie ins Freie kam? Sie verwandelte sich in einen Fuchs und rannte davon.

Als der Jäger heimkam, sah er im Schnee die Spuren eines Fuchses, die zur Tür der Hütte führten und auch wieder von der Hütte wegführten. Er lief eiligst zu seiner Frau und sagte: „Ich sehe, daß du Besuch gehabt hast."

„Ja, eine alte Frau", erwiderte sie.

„Das war eine Fuchsfrau", erklärte der Jäger. „Das Fuchsvolk ist eine schlaue und arglistige Bande. Ich wünschte, die alte Frau wäre nicht hierhergekommen!"

Da lachte seine Frau und sagte: „Die Alte hat nichts Böses getan. Sie hat nur geredet und geredet, aber ich habe nicht auf ihr Geschwätz gelauscht. Und dann ist sie verärgert gegangen. Ich glaube kaum, daß sie mich noch einmal besuchen kommt."

Doch die Fuchsfrau kam wieder und kam sogar sehr oft. Und jedesmal redete sie wie ein Wasserfall. Die Frau versuchte nicht zuzuhören, sondern lächelte nur, bot etwas zu essen und zu trinken an, was die Fuchsfrau aber immer ablehnte, und ging dann wieder ihrer Arbeit nach. Aber eines Tages im Winter hörte sie der Alten zu, weil diese sagte: „Meine Güte, hast du eigentlich gar keine Angst, die Liebe deines Mannes zu verlieren?"

„Nein, ich habe keine Angst davor", erwiderte die Ehefrau.

„Aber er hatte vor dir schon zwei andere Frauen", sagte die verschlagene Fuchsfrau. „Und beide hatte er mit der Zeit satt! So ist das nun mal mit den Männern; kaum fängt eine Frau an, nicht mehr so schön auszusehen, da hat ihr Mann keine Verwendung mehr für sie."

„Mein Mann ist nicht so!" widersprach die Ehefrau entrüstet.

„Haha, haha!" lachte die Fuchsfrau schallend. „Wie naiv du doch bist! Übrigens wirst du allmählich ziemlich schlampig, und das ist der Anfang vom Ende. Hast du denn keinen Stolz? Denkst du nie über dein Aussehen nach? Deine Haare, o weh! Es ist ja eine Schande! Dein Mann wird bald glauben, daß du dir nichts mehr aus ihm machst, wenn du weiter so herumläufst. Na, komm schon. Ich will dir wenigstens die Haare kämmen."

Die Frau war durch das Gerede der Alten beunruhigt. Es stimmte, daß sie sich nicht viel darum kümmerte, wie sie aussah. Vielleicht waren ihre Haare wirklich unordentlich. Und vielleicht hatte ihr Mann es schon längst bemerkt, war aber viel zu freundlich, um es zu erwähnen. Als die Fuchsfrau einen Kamm aus der Tasche zog und sagte: „Setz dich hierher. Ich werde dir eine schöne Frisur machen, eine so schöne Frisur, daß dein Mann ganz außer sich gerät, wenn er nach Hause kommt...", da sagte die Ehefrau: „Ja, bitte tu das." Sie setzte sich folgsam zu Füßen der Fuchsfrau hin.

Oh, wenn sie doch bloß hochgeschaut und das böse Grinsen der Fuchsfrau gesehen hätte! Aber sie schaute nicht hoch. Und dann begann die Fuchsfrau sie zu kämmen. Dabei summte sie ein merkwürdiges Lied in einer Sprache vor sich hin, die für die Frau unverständlich war. Sie fand es höchst angenehm, so faul dazusitzen, während der Kamm sanft durch ihre Haare glitt, und dem Gesumm zuzuhören! Wie angenehm, wie sehr... angenehm... Sie gähnte, schloß die Augen, öffnete sie mühsam wieder, schloß sie wieder... gähnte noch einmal und schlief ein.

Als sie aufwachte, war sie allein. Aber... oh, ihr Kopf fühlte sich so schwer an und tat so weh! Luft! Sie mußte Luft haben! Sie eilte aus dem Haus, doch die Schmerzen in ihrem Kopf wurden immer schlimmer. Sie faßte sich mit beiden Händen an den Kopf und fühlte... Was fühlte sie? Sie fühlte zwei kleine harte Beulen, Beulen, die heiß waren und brannten. Beulen, die immer größer wurden, während sie sie betastete. Sie versuchte wieder ins Haus zu laufen, kam aber nicht mehr durch die Tür, weil sie inzwischen auf dem Kopf zwei verzweigte Geweihe trug... Und nun veränderte sich auch ihr Körper. Sie stand plötzlich auf Händen und Füßen, doch das waren nun weder Hände noch Füße, sondern Hufe. Die Kleider waren von ihr abgefallen und verschwunden. Ihr Körper war mit Fell bedeckt. O weh, sie war keine Frau mehr, sondern hatte sich in einen Karibu verwandelt.

Der Karibu wandte sich ab und floh südwärts quer über die Tundra zu den Bergen hin...

Als der Jäger am nächsten Nachmittag nach Hause kam, saßen seine beiden jungen Söhne, Manek und Merak, unglücklich in der Küche herum. Das Feuer war erloschen, es war bitterkalt.

„Wo ist eure Mutter?" fragte der Jäger.

„Wir wissen es nicht", sagte Manek.

„Und wir möchten etwas zu essen", sagte Merak.

In großer Sorge lief der Jäger wieder vors Haus. Direkt vor der Tür sah er die Fußspuren seiner Frau und daneben, o Schreck, daneben sah er andere Spuren, die Fußspuren eines Karibus, die zuerst ganz wirr im Kreis herumgingen und dann über die Tundra hinweg zu den Bergen führte. O ja, der Jäger wußte genau, was geschehen war. Die Fuchsfrau war wieder dagewesen und hatte seine geliebte Frau in einen Karibu verwandelt.

Der Jäger kehrte in die Hütte zurück. „Manek", sagte er zu dem älteren Knaben. „Deine Mutter ist fort, und ich werde mich auf die Suche nach ihr machen und sie zurückholen... du hast die Verantwortung für euch beide. Vorerst ist genug Fleisch zum Essen da. Sobald der Vorrat an Fleisch erschöpft ist, mußt du Pfeil und Bogen nehmen und etwas Eßbares schießen. Verriegle aber immer die Tür, wenn du das Haus verläßt, und sprich mit keinem Menschen, merk dir das! Du darfst es auf keinen Fall vergessen, Manek! Sprich mit niemandem und *laß unter gar keinen Umständen jemanden herein!* Kann ich mich auf dich verlassen, Manek?"

„Ja, du kannst dich auf mich verlassen", sagte Manek ernst.

Der Jäger nahm Pfeil und Bogen und ein Lasso und folgte den Fußabdrücken des Karibus quer über die Tundra in Richtung auf die Berge.

101

Zwei Tage lang waren diese Spuren deutlich zu erkennen und führten immer in dieselbe Richtung. Doch am dritten Tag begann ein großes Durcheinander. Mal führten die Spuren vorwärts, dann wieder rückwärts, einmal waren sie tief in den Boden eingegraben, als wäre der Karibu lange Zeit stillgestanden, und dann verliefen die Spuren wieder vorwärts bis zu einer Stelle, wo der Jäger sie in einem wahren Gewimmel von Abdrücken verlor, denn es mußten Hunderte... ach was... Tausende von Karibus gewesen sein, die sich hier getroffen hatten... Eindeutig hatte sich seine Frau einer Herde zugesellt. Wie aber sollte er nun den Karibu, der seine Frau war, von allen anderen Karibus unterscheiden können, selbst wenn er imstande wäre, die rasch dahinziehende Herde einzuholen! Wie sollte ihm das je gelingen?

Trotz seiner Verzweiflung lief er unermüdlich weiter. An einem kalten Abend sah er vor sich ein Licht schimmern. Es drang aus dem Fenster einer Hütte. Hoffnungsvoll eilte er darauf zu. Vielleicht fand er dort Unterkunft für die Nacht.

Aber er mußte vorsichtig sein, denn die Bewohner der Hütte waren möglicherweise unangenehme Gesellen. Auf keinen Fall wollte er in einen Streit oder gar in eine Schlägerei verwickelt werden.

Als er zur Hütte kam, legte er das Ohr an die Tür und lauschte.

Er hörte Stimmen; die Stimmen einer Frau und eines Kindes.

Das Kind sagte: „Mutter, erzähl mir eine Geschichte."

Die Frau: „Nein, nein, höchste Zeit, daß du endlich einschläfst."

Das Kind bat weinerlich: „Ich kann nicht einschlafen, bevor du mir nicht eine Geschichte erzählt hast. Bitte, bitte!"

Darauf erwiderte die Frau: „Na schön, aber nur eine! Wirst du dann wie ein liebes, braves Mädchen gleich einschlafen?"

Das Kind sagte eifrig: „Ja, ich werde wie ein braves, lie-bes Mädchen einschlafen."

Darauf begann die Frau zu erzählen: „Es lebten einmal ein Mann und eine Frau mit ihren beiden Söhnen in einer einsamen Hütte zusammen. Der Mann war Jäger. Jedesmal, wenn er auf Jagd ging, schärfte er seiner Frau ein, daß sie die Hütte nicht verlassen dürfe, solange er weg war. Außerdem dürfe sie nicht auf das Geschwätze irgendeines möglichen Besuchers hören. Aber dann kam eines Tages eine Fuchs-frau, und die Frau des Mannes hörte doch auf ihr Geschwätz. Die Fuchsfrau überredete sie dazu, sich die Haare kämmen zu lassen. Während die Fuchsfrau die Haare kämmte, sang sie ein Zauberlied, und die Frau des Jägers schlief ein. Als sie wieder aufwachte, stellte sie zu ihrem Schrecken fest, daß sie sich in einen Karibu verwandelt hatte..."

Bei diesen Worten stieß der Jäger die Tür auf und stürz-te in die Hütte. Dabei rief er laut: „Das ist *meine* Geschichte! Das ist *meine* Frau! Falls du etwas weißt, erzähl es mir, erzähl mir, wie ich sie finden, wie ich sie erkennen und wie ich sie zurückgewinnen kann!"

„Also so was!" sagte die Frau. „Wenn ich gewußt hätte, daß mir jemand zuhört, hätte ich den Mund gehalten."

„Gib auf deine Worte acht", schrie der Jäger. „Mach dich nicht über mich lustig."

„Nein, ich mache mich über niemanden lustig", erwider-te die Frau. „Und ich will dir auch alles erzählen, was ich weiß. Aber zuerst mußt du etwas essen, denn du siehst ja halbverhungert aus."

„Essen!" rief der Mann. „Wie kann ich etwas essen!"

Die Frau nahm einen Topf mit Schmorfleisch vom Feuer und füllte eine ordentliche Portion in eine Schüssel ab.

„Während du ißt, werde ich dir alles berichten", sagte

sie. „Wenn ich sehe, daß du aufhörst zu essen, höre ich auch mit meiner Erzählung auf."

Während der Jäger das Essen hinunterschlang (er war wirklich schrecklich hungrig gewesen), fing die Frau an zu erzählen.

„Hinter der Bergkette liegt ein enges Tal, und durch dieses Tal ziehen in jedem Jahr unzählige Karibu-Herden gen Süden zu einer weiten Ebene, die fruchtbarer ist als unsere Tundra. In einer dieser Herden lebt deine Frau und hat dich und die Kinder vergessen. Sie ist zierlicher und lebhafter als ihre Artgenossen und läuft ständig vor der Herde her und dann wieder zur Herde zurück und wieder weit nach vorne, als wäre sie auf der Suche nach etwas, das sie nicht finden kann. Ihr Fell ist heller als das der anderen Karibus — man könnte es fast weiß nennen —, und sie hat ein breites, ausladendes Geweih wie die männlichen Tiere. Du kannst sie leicht erkennen. Du darfst auf keinen Fall Pfeil und Bogen benutzen. Wenn du ihr auch nur die kleinste Wunde zufügst, muß sie sterben. Fang sie mit dem Lasso ein. Wenn du sie zu Sturz gebracht hast, beug dich zu ihrem Ohr hinunter und flüstere ihr alle Liebesworte ins Ohr, die dir einfallen. Dann heb sie auf deine Arme, und du wirst in deinen Armen kein Karibu, sondern deine Frau halten. Woher ich das weiß? Ich kann dir nicht sagen, woher ich es weiß. Das bleibt mein Geheimnis. Jetzt aber leg dich auf die Ofenbank und schlafe. Leg dich hin und schlafe!"

Der Jäger glaubte, auf keinen Fall einschlafen zu können. Doch er schlief sofort ein und wachte am nächsten Morgen frisch gestärkt und tatendurstig auf.

Die Frau bereitete gerade das Frühstück, und das kleine Mädchen war schon gewaschen und fertig angezogen.

In Eile schlang der Jäger alles Essen hinunter, das die Frau vor ihn hinstellte, ohne darauf zu achten, was es war, weil er es kaum abwarten konnte, sich wieder auf den Weg zu machen. Die Frau versuchte auch gar nicht, ihn zurückzuhalten. Sie schien an seinem raschen Aufbrechen fast ebenso interessiert zu sein wie er selbst.

„Wie kann ich dir jemals danken!" sagte er, als er sich an der Hüttentür von ihr verabschiedete.

„Es gibt eine Möglichkeit", erwiderte sie. „Wenn du auf Jagd gehst und gute Beute machst, dann lege ein Stück Fleisch für mich beiseite und sprich dabei laut: ‚Dies ist für diejenige, die mir in meiner Not geholfen hat.' Wo du es auch hinlegst, ich werde es finden. Aber nun geh und schau dich nicht um, wenn du die Hütte verläßt. Erst wenn du ein ganzes Stück weit weg bist, *dann* kannst du dich umsehen. Ich werde dir folgen, um dafür zu sorgen, daß dir kein Leid geschieht."

Darauf trat die Frau in die Hütte zurück und schloß die Tür. Der Jäger aber wanderte über die Tundra in Richtung der Berge.

Ab und zu hielt er an, um einen Haufen Steine zusammenzutragen, die ihm als Wegzeichen dienen sollten, damit er sich auf dem Rückweg nicht verirrte. Schließlich gab es auf dieser weiten, weiten Ebene keinen Orientierungsprunkt, der ihn leiten konnte, außer der kleinen Hütte der Frau, wo er die Nacht verbracht hatte. Doch diese Hütte würde aus der Entfernung überhaupt nicht zu sehen sein.

„Merkwürdig, daß eine Frau mit einem Kind in solcher Einsamkeit lebt", dachte er. Noch merkwürdiger war ihre Art, mit ihm zu reden, als sei sie sicher, daß er ihr gehorche. Und er hatte ihr auch tatsächlich gehorcht, denn er hatte sich noch kein einziges Mal umgedreht. „Ich werde dir folgen, um dafür zu sorgen daß dir kein Leid geschieht", hatte sie gesagt. Das war bestimmt sehr gut gemeint, aber er mußte bei der Vorstellung doch lachen, daß eine *Frau* annahm, sie könnte ihn beschützen!... Folgte sie ihm wirklich nach? Wenn er sich jetzt umschaute, war es nicht unfolgsam, denn die kleine Hütte lag ja schon ein ganzes Stück weit zurück.

Also blieb er stehen und drehte sich um.

Was aber sah er? Die trostlose Tundra erstreckte sich bis zum Horizont, und die Hütte war nur noch ein winziger Fleck. Zwischen ihm und der Hütte sah er zwei Gestalten, die seinen Spuren folgten: ein hünenhafter Bär und ein Bärenjunges.

Also das war sie... ein Grizzlybär!

„In meinem ganzen Leben werde ich nie mehr einen Grizzlybären schießen", sagte der Jäger zu sich selbst, als er seinen Weg zu den Bergen fortsetzte.

Es war ein langer, anstrengender Weg, und dem ungeduldigen Jäger kam er noch länger vor, als er in Wirklichkeit war. Doch schließlich erreichte er die Berge und fand einen Pfad, wo der weiche Boden Tausende und aber Tausende von Fußspuren der Karibus aufwies.

Er folgte den Hufspuren bergauf, höher und höher und dann wieder hinunter, tiefer und tiefer, bis er schließlich in dem weiten grünen Tal anlangte, wo eine Herde von ungefähr dreitausend Karibus allmählich immer weiter gen Süden zog.

Die Herde bewegte sich nur gemächlich vorwärts. Es war für ihn ein leichtes, sie zu überholen. Vielleicht aber würden die Tiere bei seinem Anblick in Panik geraten und in alle Richtungen davonstürmen, so daß es ihm unmöglich wäre, ein Tier vom anderen zu unterscheiden. Wie sollte er dieses Problem lösen? Er mußte vor die Herde gelangen und sie an sich vorbeiziehen lassen.

Zum Glück standen in dem Tal viele Büsche, die der Jäger als Deckung benutzte, während er ab und zu auf allen vieren kroch, dann wieder einen Satz machte oder einen kleinen

Spurt einlegte. Nach einiger Zeit konnte er das schützende Buschwerk verlassen, da er die Herde überholt hatte.

Und schon näherte sich die Herde. Die Felswände werfen das Echo des Hufegetrappels zurück. Die Tiere laufen dicht beieinander, doch dort ist ein Tier — es ist ein helles Karibu-Weibchen —, das für sich allein läuft. Mal rennt es ein Stück vor der Herde her, mal hält es an und schaut sich um, als sei es verwirrt, dann wieder galoppiert es zur Herde zurück. „… als wäre es auf der Suche nach etwas, das es nicht finden kann…" Der Jäger erinnerte sich an die Worte der Bärenfrau. „… ihr Fell ist heller als das der anderen Karibus — man könnte es fast weiß nennen —, und sie hat ein breites, ausladendes Geweih wie die männlichen Tiere…"

Ja, das ist sie… das ist seine Frau! Um sie zu retten und nach Hause zu holen, ist er die weite, weite Strecke gekommen. In Hockstellung wickelt der Jäger das Lasso ab, das er auf dem Rücken getragen hatte, springt auf die Füße und holt weit aus.

Der kleine Karibu mit dem hellen Fell wird durch das Lasso zu Boden gerissen, und die erschreckte Herde teilt sich rechts und links von ihm und galoppiert rasch weiter das Tal hinunter. Als alle weg sind, läuft der Jäger zu dem Karibu-Weibchen hinüber. Er kniet daneben, nimmt es in die Arme und küßt den schmalen hellbraunen Kopf immer wieder.

„Meine Frau", schluchzt er.. „Meine Frau! Meine Frau…"

Und — o Wunder! — in seinen Armen liegt kein Karibu mehr, sondern eine Frau — seine Frau. Er zieht sich den Fellmantel aus, wickelt sie fest darin ein und stellt sie behutsam auf die Füße.

Verwirrt wie jemand, der gerade aus einem Traum erwacht, schaut sie ihn an. „Ich begreife nicht", sagt sie. „Wo sind wir denn?"

„Wir sind in den Bergen und gehen jetzt nach Hause", erwidert er. „Den Rest werde ich dir nach und nach erzählen…"

Hand in Hand stiegen sie den Bergpfad hinauf und auf der anderen Seite hinunter zur Tundra. Mit Hilfe der Steinhaufen, die der Jäger hier und da auf seinem Hinweg zusammengetragen hatte, suchten sie sich ihren Weg quer durch diese endlose Weite. Unter jedem Steinhaufen fanden sie ein kleines Päckchen mit Essen, das die Bärenfrau ihnen fürsorglich hingelegt hatte. Der Jäger pries sie voller Dankbarkeit für ihre Güte.

Schließlich und endlich kamen sie in Sichtweite ihrer eigenen Hütte, wo ihnen der Weg von zwei hübschen jungen Burschen versperrt wurde, die sie mit Pfeil und Bogen bedrohten.

„Halt, oder ich schieße!" rief der ältere.

Der Jäger musterte die zwei jungen Männer und lachte dann. „Also wirklich, Manek, mein Sohn", sagte er. „Erkennst du deinen eigenen Vater nicht mehr? Schau, ich habe eure Mutter wieder heimgebracht. Doch tatsächlich, ich habe nicht bedacht, wie viele Jahre inzwischen vergangen sind. Aber jetzt wollen wir hineingehen, denn eure Mutter braucht etwas zu essen und muß sich vor allem erholen. Und ich habe euch eine lange und seltsame Geschichte zu erzählen."

Alle vier gingen gemeinsam in die Hütte, und unsere Geschichte ist damit zu Ende. Doch etwas möchte ich noch sagen: Der Jäger vergaß nie, seinem Versprechen gemäß ein Stück Fleisch für die Bärenfrau beiseite zu legen, wenn er ein Tier erlegt hatte.

„Dies ist für diejenige, die mir in meiner Not half", sagte er, wenn er das Stück Fleisch irgendwo auf die Erde legte. Und ebenso gewiß, wie er das Fleisch hinlegte, so verschwand dieses Fleisch auch.

Obwohl er die Bärenfrau nie wieder zu Gesicht bekam, wußte er auf diese Weise doch, daß sie ihm nah war. Und in diesen Augenblicken dankte er ihr und pries sie in seinem Herzen.

Jon und seine Brüder

Kanada

Es gab einmal einen armen Mann, der war Witwer und hatte drei Söhne. Antoine war der älteste, Andrew der mittlere und Jon der jüngste. Alle drei waren gute Jungen.

Sie wuchsen heran, und eines Tages starb ihr Vater, der arme Mann. Da sagte Antoine: „Brüder, hier gibt es für uns nicht viel zu gewinnen. Ich will in die Welt hinaus und dort mein Glück suchen."

Er machte sich reisefertig. Bevor er ging, füllte er ein Glas mit klarem Wasser, stellte es auf den Küchentisch und sagte: „Brüder, werft jeden Tag einen Blick auf dieses Wasser. Solange das Wasser klar bleibt, wißt ihr, daß bei mir alles in Ordnung ist. Wenn es sich aber trübt, dann wißt ihr, daß ich in Schwierigkeiten bin. Dann mußt du, Andrew, mich suchen und mir beistehen. Falls sich das Wasser aber schwarz färbt, braucht ihr euch keine weiteren Gedanken um mich zu machen, denn dann bin ich tot."

Als er das gesagt hatte, nahm Antoine einen Brotlaib und einen Schlehdornstecken und machte sich auf den Weg.

Tag für Tag schauten Andrew und Jon das Wasserglas an. Ungefähr eine Woche lang, oder vielleicht auch ein bißchen länger, blieb das Wasser kristallklar. Morgens aber kam Jon, der früh aufgestanden war, zu seinem Bruder gerannt und rief: „Bruder, Bruder, das Wasser im Glas wird trübe! Oh, unser Antoine muß in Schwierigkeiten sein."

Andrew sprang aus dem Bett und stürzte in die Küche, wo das Glas auf dem Tisch stand. Während er es anschaute, wurde das Wasser immer dunkler, bis es fast schwarz war. O weh! Antoine mußte in einer tödlichen Gefahr stecken!

Andrew nahm sich rasch einen Laib Schwarzbrot und einen Schlehdornstecken und machte sich auf, um Antoine zu suchen. Bevor er ging, füllte er ein zweites Glas mit klarem Wasser, stellte es auf den Küchentisch und sagte zu Jon: „Bruder, gib acht auf dieses Glas. Wenn das Wasser klar bleibt, weißt du, daß bei mir alles in Ordnung ist. Wenn es sich aber trübt, weißt du, daß ich in Schwierigkeiten bin. Dann mußt du mich suchen und mir beistehen. Falls sich das Wasser aber schwarz färbt, brauchst du dir keine weiteren Gedanken mehr um mich zu machen, denn dann bin ich tot. Nun aber lebe wohl, Bruder!"

Nachdem er das gesagt hatte, eilte er den Weg entlang, den Antoine vor ihm gegangen war.

Danach schaute Jon jeden Morgen die beiden Gläser an. Das Wasser in Antoines Glas blieb dunkel, aber es wurde nie ganz schwarz, woran Jon erkannte, daß Antoine noch am Leben war. Ungefähr eine Woche lang blieb das Wasser in Andrews Glas kristallklar, und Jon wußte, daß alles bei ihm in Ordnung war. Eines Abends, als Jon vor dem Zubettgehen noch einmal die Gläser anschaute, wirbelte das Wasser in Andrews Glas auf, als ob es jemand mit einem Löffel umrührte. Und mit jeder Minute wurde es dunkler und dunkler.

Jon wartete nicht bis zum nächsten Morgen. Er nahm sich einen Laib Schwarzbrot und einen Schlehdornstecken und lief den Weg entlang, den seine zwei Brüder vor ihm gegangen waren. Da er schnell ging, ja fast schon rannte, hatte er vor Sonnenaufgang schon etliche Meilen zurückgelegt. Er begegnete vielen Leuten, weil in einer nahen Stadt Markt abgehalten wurde. Und jedem, den er traf, stellte er dieselbe Frage: „Habt Ihr zufällig einen jungen Burschen oder vielleicht auch zwei gesehen, die ein graues Wams anhatten, einen Schlehdornstecken wie diesen hier trugen und in diese Richtung gingen?"

Doch keiner hatte sie gesehen.

Also lief und lief und lief er geradewegs weiter, viele Tage lang. Und er fragte jedermann nach Neuigkeiten über seine Brüder aus, doch keiner hatte welche für ihn. Immer wieder sagte er sich: „Nein, sie sind nicht tot, sie können gar nicht tot sein, und irgendwann werde ich sie schon finden."

Eines Nachmittags überholte er eine fröhliche Gesellschaft von alten und jungen Leuten, die lachend und singend die Straße entlanggingen. Auch ihnen stellte er dieselbe Frage: „Habt Ihr zufällig einen jungen Burschen oder vielleicht auch zwei gesehen, die ein graues Wams anhatten, einen Schlehdornstecken wie diesen hier trugen und in diese Richtung gingen?"

Nein, sie hatten niemanden von dieser Art gesehen. Sie erzählten Jon, daß sie bei einer Hochzeit gewesen waren und nun mit dem frisch vermählten Paar zu einem kleinen Fest in ihr Dorf zurückkehrten. „Wir gehen denselben Weg wie du", sagten sie. „Also geselle dich zu uns, denn es ist ja wohlbekannt, daß ein Fremder einem jungvermählten Paar Glück bringt."

Nun, der arme Jon war sehr hungrig, denn er hatte schon vor langer Zeit die letzte Brotkrume aufgegessen, und er hatte kein Geld, um sich ein neues Brot zu kaufen. Also begleitete er die Leute und bekam ein gutes Essen. Er stand auch mit allen anderen zusammen auf, um auf das Wohl von Braut und Bräutigam zu trinken. Dann erklärte er, daß er nun leider weiterziehen müsse. Darauf sagte der Bräutigam: „Bevor wir uns trennen, müssen wir dir etwas schenken. Was möchtest du denn haben?"

Und Jon antwortete: „Oh, nur eine Kleinigkeit. Ein Stück feste Schnur wäre mir gerade recht."

Der Bräutigam sagte: „Ein Stück Schnur! Nein, nein, du machst Witze!"

Darauf sagte Jon: „Ich mache bestimmt keine Witze. Ich werde mir die Schnur um den Bauch binden zur Erinnerung an euch gute, liebe Menschen."

Da Jon nichts anderes annehmen wollte, bekam er ein Stück Schnur, band es sich um den Bauch, sagte der fröhlichen Hochzeitsgesellschaft ade und ging weiter.

Es war Frühling. Die Vögel taten sich zusammen und bauten Nester. Anscheinend hatten alle lebenden Wesen ähnliche Ideen, denn nach wenigen Tagen Wanderschaft überholte Jon schon wieder eine Hochzeitsgesellschaft. Auch sie luden Jon ein, sie zu begleiten und das Hochzeitsfest mitzufeiern. Jon ging bereitwillig mit, füllte sich den Bauch mit gutem Essen und feinen Getränken und wurde wieder gefragt, was für ein Abschiedsgeschenk er gern haben würde.

„Nun, ich hätte sehr gern diese Serviette", sagte Jon.

Was, eine schmierige, schmutzige kleine Serviette? Oh, nein, nein, nein! Jon mußte sich unbedingt etwas Besseres aussuchen!

Aber Jon sagte ja, ja, ja! Etwas anderes wolle er nicht! Also gaben sie ihm die Serviette; er wünschte ihnen alles Gute und ging weiter seines Weges.

Er lief und lief und lief und fragte jeden, dem er begegnete, nach seinen Brüdern aus, erfuhr aber nichts. Eines Tages — man möchte es kaum für möglich halten — überholte er eine dritte Hochzeitsgesellschaft und begleitete sie, um mit ihnen gemeinsam zu feiern. Das Hochzeitsfest fand in einer

Scheune statt, denn die Leute waren arm. Die Scheune war mit Kerzen beleuchtet. Als das Fest vorüber war und der Bräutigam Jon aufforderte, sich ein Abschiedsgeschenk auszusuchen, da hob Jon einen heruntergebrannten Kerzenstummel hoch und sagte: „Dieses Geschenk möchte ich haben."

Einen Kerzenstummel! Wozu war der denn noch nütze? O nein, Jon sollte sich etwas anderes aussuchen! Doch Jon wollte nichts anderes haben. Nach viel Gelächter und Protest der Gastgeber bekam er endlich seinen Kerzenstummel, wünschte Braut und Bräutigam alles Gute und ging weiter seines Weges.

Nun, er lief und lief und lief eine lange, einsame Straße entlag, und traf eine ganze Woche niemanden. Er schlief unter den Hecken, zog ein oder zwei Rüben aus einem Feld, an dem er vorbeikam, und aß sie. Bestimmt nahm doch keiner einem armen, hungrigen Burschen übel, wenn er eine Rübe stibitzte… Am Ende der Woche kaute er beim Gehen gerade auf einer Rübe herum, als er ein altes, graues Pferd am Wegesrand stehen sah.

Und das alte, graue Pferd sagte: „Hallo, Jon."

„Hallo", erwiderte Jon. „Wie merkwürdig, daß du sprechen kannst und meinen Namen kennst."

„Natürlich kann ich sprechen", sagte das alte, graue Pferd. „Und ich kenne dich sehr gut, Jon. Wenn du dich auf meinen Rücken setzt, können sich deine Beine vom vielen Laufen ausruhen."

„Das haben sie auch wahrlich nötig", sagte Jon. „Habe vielen Dank!"

Und er kletterte auf den Rücken des Pferdes.

Das alte, graue Pferd trabte in zügigem Tempo los. Nach einer Weile sagte es: „Jon, ich weiß, daß du auf der Suche nach deinen Brüdern bist. Wenn du meinem Rat folgst, wirst du sie auch finden, das verspreche ich dir. Sie sind nämlich nicht tot, sei ganz beruhigt. Aber jetzt hör mir gut zu. Schon bald werden wir zu dem Schloß kommen, wo die Hexenjungfern wohnen. Sie werden dich einladen, mit ihnen zu essen und zu trinken, und natürlich bist du hungrig. Aber du darfst nichts essen oder trinken, oder du wirst es bitterlich bereuen. Willst du meinen Rat befolgen, Jon?"

„Tja, du scheinst mir solch ein kluger, alter Bursche zu sein, daß ich es wohl tun werde", sagte Jon.

„Ja, das tu bitte unbedingt, Jon", sagte das alte, graue Pferd.

Sie trabten weiter und weiter, und schließlich kamen sie zu einem großen Schloß, dessen Dach mit goldenen Ziegeln gedeckt war. Und dort am Schloßtor standen drei ganz und gar bezaubernd hübsche Hexenjungfern.

„Oh, du armer, müder Wanderer!" riefen die Hexenjungfern. „Komm in unser Schloß, dann wollen wir dir zu essen und zu trinken geben."

„Ich glaube kaum, daß ich genug Zeit dafür habe, aber ich danke euch herzlich", sagte Jon.

Das graue Pferd aber wisperte ihm zu: „Geh ruhig zu ihnen hinein, doch iß nichts und trink nichts."

Also glitt Jon vom Pferderücken herunter und ging mit den Hexenjungfern ins Schloß hinein.

Sie führten ihn in einen Bankettsaal. Dort saßen viele andere schöne Hexen um einen Tisch herum, der fürstlich gedeckt war. „Iß, lieber Jon", sagten sie. „Und trink, lieber Jon", sagten sie.

Jon aber antwortete: „Dank euch, ihr lieben Mädchen, aber ich habe schon gegessen."

„Dann trink wenigstens ein Glas Wein mit uns, lieber Jon", sagten die Hexen.

„Dank euch, ihr lieben Mädchen, aber ich habe im Wald aus einer Quelle meinen Durst gelöscht."

„Dann trink auf unser aller Wohl, lieber Jon", sagten die Hexenjungfern. „Das kannst du uns nicht abschlagen!" Und sie füllten ein Glas mit leuchtend rubinrotem Wein und reichten es Jon.

„Ich wünsche euch von Herzen Wohl, aber ich kann nicht trinken", sagte Jon.

Nun, sie drängten und drängten ihn, doch immer wieder sagte Jon nein, nein und nochmals nein! Schließlich wurden die Hexenjungfern sehr zornig und sagten, daß er ein unmanierlicher Rüpel sei, und unmanierliche Rüpel müßten sterben. Sie zerrten ihn ins Freie hinaus, um ihn an einem Baum vor dem Schloßtor aufzuhängen.

Aber sie hatten kein Seil. Doch dann sahen sie das Seil, das Jon von der ersten Hochzeitsgesellschaft geschenkt worden war und das er sich um den Bauch gebunden hatte. Sie nahmen dieses Seil, machten eine Schlaufe, zogen sie Jon über den Kopf, hängten ihn an einem Ast auf und gingen weg. Doch, o Wunder aller Wunder! Das Seil wurde ganz von selbst immer länger, immer länger; bis Jon wieder mit beiden Füßen auf dem Boden stand. Und das alte, graue Pferd, das außerhalb des Schloßtors auf ihn wartete, rief: „Mach schnell, Jon, durchschneide das Seil."

Und Jon zog sein Taschenmesser heraus, durchschnitt das Seil und lachte: „Was jetzt?"

Da sagte das graue Pferd: „Geh in den Garten der Hexen. Dort wirst du ein Blumenbeet finden, in dessen Mitte ein Baum steht. Der Baum hat drei Äste, und an dem einen Ast wachsen drei goldene Äpfel. Pflück diese Äpfel und bring sie hierher. Aber beeile dich, Jon, beeile dich! Wenn dich die Hexen zu sehen kriegen, bist du verloren."

Also rannte Jon in den Garten und fand den Baum mit den drei Ästen und den drei goldenen Äpfeln. Er pflückte die Äpfel und trug sie zurück zu dem Pferd.

„Gut gemacht, gut gemacht, Jon", sagte das Pferd. „Und nun fangen wir damit an, dieses Schloß und die bösen Hexenjungfern zu vernichten."

„Aber wie sollen wir das denn tun, mein gutes Pferd?"

„Wirf einen der Äpfel auf die goldenen Ziegel des Schloßdachs, Jon."

Also warf Jon einen Apfel auf das goldene Dach, und – bum, krach, bum, krach! – da öffnete sich die Erde unter dem Schloß. Und in die Tiefe sanken das Schloß und alle, die darin waren! Mitsamt den Mauern und Fenstern, Türen und Kammern sank es langsam, ganz langsam tiefer, bis nur noch die glänzende Spitze des höchsten goldenen Kamins zu sehen war. Im nächsten Moment verschwand auch sie, und die Erde schloß sich darüber.

„Jetzt müssen wir um unser Leben reiten", sagte das graue Pferd. „Hinauf mit dir, Jon!"

Mit einem Satz saß Jon auf dem grauen Pferd, und schon galoppierten sie los, galoppierten und galoppierten immer weiter.

Nicht alle Hexenjungfern waren in das Schloß zurückgekehrt, nachdem sie Jon am Baum aufgeknüpft hatten. Einige waren in den nahen Wald spaziert, um Beeren zu pflücken. Als Jon auf dem grauen Pferd an diesem Wald vorbeisauste, erspähten ihn die Hexenmädchen, kreischten vor Zorn und machten sich an die Verfolgung.

Das graue Pferd galoppierte schnell, doch die Hexenjungfern waren noch schneller, denn sie schwirrten so schnell dahin, daß ihre Füße kaum den Boden zu berühren schienen. Immer mehr holten sie auf. Und plötzlich erstreckte sich vor Jon und dem grauen Pferd ein großer See, über den keine Brücke führte. Was noch schlimmer war, es führte auch kein Weg außen herum.

„O weh", rief Jon. „Wir sind verloren!"

„Noch nicht, Jon", sagte das graue Pferd. „Wirf einen Apfel in den See."

Jon tat es auf der Stelle. Und was geschah? Der See verschwand, und an seiner Stelle gab es eine weite Ebene, auf der Getreide wuchs. Und über die Ebene und durch das Korn galoppierte Jon auf dem grauen Pferd. Und über die Ebene und durch das Korn folgten ihm rasend die Hexenmädchen. Unter den Pferdehufen zwar war der Boden hart und fest, doch kaum war das Tier vorüber, so entstand wieder der See, so weit wie die Welt und so tief wie der Abgrund. Schreiend und strampelnd sanken die Hexen tiefer und immer tiefer, bis sich die Wasser über ihren Köpfen schlossen.

„Hurra!" jauchzte Jon.

„Ich weiß nicht, ob es schon fürs Hurraschreien an der Zeit ist", sagte das graue Pferd. „Auf dieser Reise scheint ein Unglück auf das andere zu folgen."

Und das graue Pferd behielt recht. Es war nämlich eine Hexenjungfer nicht mit den anderen aus dem Wald herausgerannt, sie war vielmehr zurückgeblieben, um ihren Korb mit Beeren zu füllen. Und schon ein einziges Hexenmädchen kann genug Unglück in die Welt bringen, weiß der Himmel!

Doch eine Zeitlang ging alles gut. Das graue Pferd und Jon überquerten die Ebene in Sicherheit und kamen zu einer breiten Landstraße, die zu einer Königsstadt führte.

„Oh, mein liebes Pferd", sagte Jon, „mein Magen schreit nach Essen!"

„Nun gut, dann wollen wir hier rasten", sagte das graue Pferd. „Hinunter mit dir, Jon, und breite die kleine Serviette aus, die du von deiner zweiten Hochzeitsgesellschaft mitgenommen hast."

„Was? Darüber weißt du auch Bescheid?" sagte Jon.

„Ich weiß über viele Dinge Bescheid, Jon."

Also sprang Jon vom Rücken des grauen Pferdes, setzte

sich an den Straßenrand, holte die kleine Serviette aus der Hosentasche und breitete sie aus. Wer hätte das gedacht! Auf der Serviette gab es zu essen und zu trinken, und zwar gut zu essen und dazu noch in großer Menge. Außerdem gab es einen Krug voll Wein und neben der Serviette einen Eimer Wasser und einen anständigen Haufen Hafer und Kleie.

„Oho, mein Pferd, oho!" sagte Jon. „Jetzt werden wir es uns gut schmecken lassen!"

Sie aßen und tranken. Als sie satt waren, verschwanden die Essensreste, der leere Weinkrug und der Wassereimer. Jon faltete die Serviette zusammen und verstaute sie wieder in seiner Tasche.

Dann wurde es Nacht, und beide legten sich nieder und schliefen ein.

Am nächsten Morgen breitete Jon wieder die Serviette aus, und es gab ein gutes Frühstück. Danach ritten sie munter weiter, oh, so munter, bis sie in des Königs Stadt kamen. Und dort ritten sie durch die Stadt hindurch bis zu dem Königspalat. Aber was mußten sie direkt vor den Schloßtoren sehen? Ein wunderschönes Mädchen war bis zum Hals in Sand eingegraben.

Jon sprang ab und rannte zu ihr. Eifrig begann er den Sand mit beiden Händen wegzuschaufeln, doch sobald er eine Handvoll weggeschaufelt hatte, füllte sich der Sand wieder auf. So viel er auch grub und schaufelte, das schöne Mädchen blieb bis zum Hals eingegraben.

„O weh! Was ist da bloß zu tun?" rief Jon.

„Lieber, guter Jüngling", sagte das schöne Mädchen. „Ihr könnte gar nichts tun. Dies ist das Werk der Hexenjungfern, und die sind allmächtig. Also geht Eurer Wege, lieber Jüngling, und überlaßt mich meinem Schicksal!"

„Aber... aber... die Hexenmädchen sind alle tot, ertrunken in tiefen Wassern. Wir haben es mit angesehen, mein Pferd und ich", rief Jon.

Da glitt ein Lächeln über das Gesicht des Mädchens. Sie war schon im Kummer wunderschön gewesen, doch nun war sie in ihrer Freude über alle Maßen schön. „Tot? Sind sie wirklich tot?" rief sie. „Dann, ja dann bin ich frei."

Und sie erhob sich aus dem Sand bis zu ihren Knöcheln. Doch ab da kam sie nicht weiter. Sie konnte tun, was sie wollte, sie blieb mit den Füßen im Sand stecken.

„O weh!" rief sie. „Ich bin doch noch nicht frei. Es kann nicht sein, daß alle Hexenmädchen tot sind."

„Ob sie nun tot oder lebendig sind, Ihr sollt jedenfalls nicht hierbleiben müssen!" Er schlang die Arme um sie, strengte sich mächtig an und zog sie mit einem Ruck heraus.

Sie schüttelte den Sand aus ihren Gewändern, lachte glücklich und strahlte über das ganze Gesicht.

„Jetzt will ich zu meinem Vater, dem König", sagte sie. „Komm morgen wieder, und der König wird dich belohnen."

„Ich strebe nicht nach Belohnung", sagte Jon.

„Du sollst sie aber trotzdem bekommen", erwiderte sie und ging durch die hohen Tore in den Palast hinein. Es kam Jon so vor, als ob sein Herz mit ihr ginge.

„Jon", sagte das alte, graue Pferd. „Ich glaube, wir nähern uns dem Ende unserer Reise."

„Noch nicht", sagte Jon. „Ich muß ja noch meine Brüder finden."

„Wenn du tun wirst, worum ich dich bitte, Jon, dann kannst du deine Brüder schon morgen wiederfinden", sagte das Pferd.

„Ich werde bestimmt tun, worum du mich bittest", sagte Jon.

„Ist das ein Versprechen, Jon?"

„Ja, es ist ein Versprechen, mein gutes Pferd."

In dieser Nacht schliefen Jon und das graue Pferd in einem nahe gelegenen Wald. Früh am nächsten Morgen eilte Jon zum Palast zurück. Doch vor den Toren standen Wachtposten, die ihn nicht einlassen wollten. Sie erklärten ihm, daß sie strikten Befehl hätte, keinen durchzulassen.

„Was soll ich jetzt tun?" fragte Jon das alte, graue Pferd.

„Oh, es gibt viel zu tun", sagte das Pferd. „Siehst du den Feigenbaum dort drüben?"

„Ja, ich sehe ihn."

„Nimm deinen letzten goldenen Apfel und wirf ihn zwischen die Äste hinauf", sagte das Pferd.

Jon tat, was ihm befohlen. Und gleich darauf fiel eine goldene Axt vom Baum.

„Heb die Axt auf, Jon", sagte das alte, graue Pferd.

Jon hob sie hoch.

„Ist die Schneide der Axt scharf, Jon?"

„Ja, sie ist sehr scharf."

„Dann hol tüchtig aus und schlag mir mit einem Hieb den Kopf ab."

„O nein, mein liebes Pferd! Nein, nein, nein!"

Das Pferd stampfte mit den Hufen, und seine Augen blitzten zornig.

„Was hast du mir versprochen, Jon? Wolltest du mir nicht in allem gehorchen?"

„Ja, aber... oh, mein liebes Pferd!"

Je mehr Jon protestierte und sich sträubte, weil er es nicht tun konnte und nicht tun würde, desto zorniger wurde das Pferd. Es drohte, daß es für immer davongaloppieren würde. Es sagte, daß Jon niemals seine Brüder finden würde, es stampfte und schimpfte und bleckte die Zähne, bis Jon schließlich in letzter Verzweiflung die Axt schwang. Schwupp – da flog der Kopf ins Gras.

„O weh! Was habe ich getan!" Jon schloß die Augen, schlug die Hände vors Gesicht, fiel auf die Knie und weinte bitterlich.

„Jon, Jon, schau her! Jon!"

Welche Stimmen? Die Stimmen seiner Brüder! Und es waren tatsächlich seine Brüder Antoine und Andrew, die ihn hochzogen, umarmten, ihm Kosenamen gaben und schließlich riefen: „Das alte, graue Pferd hat sein Versprechen gehalten, Jon, denn wir selbst waren dieses alte, graue Pferd."

Und dann berichteten sie ihm, was alles passiert war. Zuerst war Antoine auf seiner Wanderung zu dem Schloß der Hexenjungfern gekommen, hatte mit ihnen gegessen und getrunken und war verzaubert worden, so daß er sie nicht mehr verlassen konnte. Dann war Andrew auf der Suche nach Antoine zum Schloß gelangt, wo man ihm sagte, daß Antoine im Schloßinneren sei. Natürlich war er begeistert hineingegangen, hatte Antoine gefunden und mit den Hexenmädchen getafelt. Als die Brüder satt und überaus zufrieden nebeneinandergesessen hatten, wurden sie von den freundlich lachenden Hexen gefragt: „Sollen wir euch mal etwas vorzaubern?"

„O ja!" sagte Antoine.

Und „O ja!" sagte auch Andrew.

Kaum hatten sie das Wort ausgesprochen, als die Hexenmädchen sie umringten, sie mit ihren weißen Händen berührten und ein magisches Schlaflied sangen, so daß die beiden fest einschliefen. Als sie wieder aufwachten — o weh, o weh! —, da gab es keinen Antoine und keinen Andrew mehr, sondern nur ein knochiges, altes, graues Pferd. Und die Hexenmädchen schwangen Peitschen und trieben das Pferd aus dem Schloß hinaus. Da sollte es nun zusehen, wo es blieb.

„Ich habe keine Ahnung, wie es dazu kam, daß wir beide in *ein* Pferd und nicht in *zwei* verwandelt wurden", sagte Antoine. „Vielleicht haben wir uns bei der Hand gehalten, als wir einschliefen. Und dann konnten die Hexenmädchen unsere Hände nicht lösen wegen der brüderlichen Bande zwischen uns. Also blieb ihnen wohl gar nichts anderes übrig, als uns beide in ein und dieselbe Gestalt zu verwandeln... Nachdem das alte, graue Pferd in bitterlicher Verzweiflung tagelang umhergewandert war, traf es auf Bruder Jon, der auf der Suche nach seinen Brüdern war... Den Rest weißt du ja, Jon. Aber jetzt komm! Wir wollen alle drei zum Palast des Königs gehen und ihm unsere Geschichte erzählen."

Also gingen sie zum Palast, doch der Wächter am Tor zog sein Schwert und sagte drohend: „Was wollt ihr?"

„Den König sehen, dessen Tochter wir gerettet haben", sagte Jon.

„Was... ihr?" sagte der Wächter.

„Ja, wir. Wenn du uns ohne Erlaubnis nicht einlassen kannst, dann geh und frage den König."

Der Wächter ging brummend davon. Schon bald kam er mit mehreren anderen Wächtern zurück. Und diese Wächter packten Jon, Antoine und Andrew, schleppten sie weg und warfen sie in eine Höhle, wo der König wilde Tiere hielt — Löwen und Tiger, Bären und Wölfe.

Nun, das hätte wahrhaftig nicht geschehen dürfen! Und es wäre auch nicht geschehen, wenn alle Hexenjungfern im See ertrunken wären. Doch ihr erinnert euch, daß eine nicht ertrunken war, weil sie im Wald zurückblieb, um ihren Korb vollends mit Beeren zu füllen. Und genau diese Hexe war es, die Jon in wütendem Zorn verfolgte, zum Königspalast kam, sich als Hofdame verkleidete und dem König vorflunkerte, daß sie und nur sie allein die Prinzessin aus ihrem Sandgrab befreit hätte. Die arme, junge Prinzessin konnte es nicht abstreiten, weil die Hexe sie mit einem Zauberbann belegt hatte, wodurch sie Jon vollkommen vergaß.

In seiner Freude und Dankbarkeit sagte der König zu dem verkleideten Hexenmädchen: „Dafür will ich dich zu meiner Königin machen."

Und somit begannen im Schloß überall Vorbereitungen für eine große Hochzeitsfeier. Die Hexenjungfer triumphierte, die Prinzessin fühlte sich wie in einem unglücklichen Traum des Vergessens, und Jon war mit seinen beiden Brüdern in die Höhle zu den wilden Tieren geworfen worden.

Die Löwen brüllten, die Tiger fauchten, die Bären brummten, und die Wölfe heulten. Obwohl die Sonne noch nicht ganz untergegangen war, herrschte in der Höhle schon rabenschwarze Finsternis. Doch Jon hatte immer noch den Kerzenstummel, der ihm von der dritten Hochzeitsgesellschaft geschenkt worden war. Flugs holte er diesen Stummel aus der Tasche und zündete ihn an.

Ich kann euch sagen! Die Flamme dieses Kerzenstummels flammte auf und leuchtete wie die Sonne selbst. So stark war ihr Glanz und Schein, daß all die wilden Tiere eingeschüchtert waren, verstummten und sich in die Ecken zurückzogen. Jon lachte vergnügt und sagte: „Und jetzt gibt es für uns alle ein feines Abendessen."

Er breitete die kleine Serviette aus und bekam ein hervorragendes Dinner für sich und seine Brüder. Doch nicht genug damit, auch für jedes der Tiere gab es einen großen Napf mit Fressen. Alle schmausten, bis sie satt waren. Danach legten sich alle nieder und schliefen.

So verging ein Tag nach dem anderen, und es hätte wahrlich schlimmer sein können. Der Kerzenstummel spendete so viel Licht, wie sie brauchten, und die Serviette verschaffte ihnen Nahrung im Überfluß. Die wilden Tiere wurden so zahm wie große Hunde und waren den drei Brüdern freundlich zugetan. Am liebsten aber hatten sie Jon, der sie fütterte. Natürlich wurde es den Brüdern reichlich langweilig, und sie dachten sich viele Fluchtpläne aus. Doch die Wände der Höhle waren so dick und hart; es schien keine Möglichkeit zu geben, sie zu durchbrechen. Auch dachte Jon oft, oh, so oft an die schöne, junge Prinzessin und grämte sich darüber, daß er sie womöglich nie mehr wiedersehen würde.

Nie mehr ist ein großes Wort, und man darf die Hoffnung nicht so mir nichts, dir nichts aufgeben. Jon sah seine Prinzessin tatsächlich wieder, und dazu kam es so:

An einem ruhigen Sommerabend machte einer der Wächter des Königs einen Rundgang durch die Gartenanlagen des Palastes und kam auch bei der Höhle der wilden Tiere vorbei. Die Sonne war schon untergegangen, aber es war noch nicht ganz dunkel. Natürlich hätte es nun in der Höhle der wilden Tiere am allerdunkelsten sein müssen, schwärzer als schwarz! Also könnt ihr euch sicher das große Erstaunen des Wärters vorstellen, als er einen strahlenden Lichtschein entdeckte, der durch ein Gitter heraufdrang und hier einen Baum, dort einen Busch mit goldenem Glanz erhellte und sich bis zu den Wolken hinauf erhob.

Der Wächter war vor Furcht fast von Sinnen und rannte sofort zum König, um dieses merkwürdige Schauspiel zu melden. Der König rief eine Kompanie Soldaten zusammen und stellte sich selbst an ihre Spitze — er war nämlich kein Feigling —, marschierte zu der Höhle und befahl, daß die schwere Falltür geöffnet würde.

Was erblickte der König, als er durch die Öffnung spähte? Er sah Jons Kerzenstummel auf einem zerlöcherten Eimer stehen und strahlendes Licht nach allen Seiten verströmen. Und er sah rings um den Eimer eine fröhliche Gesellschaft: Jon, Antoine, Andrew, Löwen, Tiger, Bären und Wölfe waren bei einem üppigen Mahl versammelt. Und was für ein Mahl das war! Jeder der Brüder und jedes der Tiere hatte nämlich das zu essen, was ihm am liebsten war.

Vor Verblüffung brabbelte der König zuerst nur vor sich hin. Doch dann befahl er, die drei Gefangenen freizulassen, und hörte sich wortlos Jons langen Bericht an, wie sich alles zugetragen hatte. Er ließ die Prinzessin zu sich rufen. Als sie kam und Jon erblickte, fiel der Zauber von ihr ab, und sie rannte auf ihn zu. „Das ist er, der mich von dem Sand befreit hat", rief sie. „Und ich liebe ihn! Mein Lieber, Guter... wie konnte ich dich nur vergessen?"

Alle zusammen spazierten ins Schloß zurück. Der König befahl, die Hexenjungfer zu den wilden Tieren hineinzuwerfen, die nicht lange zögerten, sie zu zerreißen. Und dann sagte der König: „Ich bin ein dummer, alter Witwer, Jon. Du aber sollst meine Tochter heiraten und mein Thronerbe sein — natürlich nur, wenn du willst."

Jon wollte natürlich liebend gern! Es kam ihm so vor, als habe er die Erde verlassen und sei direkt in den Himmel gekommen. Dann sagte er: „Vor der Hochzeit würde ich gern noch etwas tun, wenn Ihr mir gnädig die Erlaubnis dazu erteilt."

„Alles darfst du tun, alles, was dein Herz begehrt", sagte der König.

Was aber tat Jon? Er ging zur Höhle der wilden Tiere, öffnete die Eisengitter und sagte: „Kommt, meine Tiere, kommt heraus und folgt mir nach!"

Und in einer langen Prozession kamen sie heraus. Die Löwen an der Spitze, ihnen folgten die Tiger, dann die Bären und schließlich die Wölfe. Und Jon führte sie weit weg in einen großen, tiefen Wald. Und dort versammelten sie sich alle in einem Kreis um ihn, und er sagte: „Nun habt ihr eure Freiheit wieder, meine Tiere. Lebt hier und seid glücklich. Aber kommt ja nie zurück und macht den Untertanen des Königs angst. Gebt mir euer Versprechen!"

Und der älteste Löwe sprach für all die anderen, als er sagte: „Dir zuliebe versprechen wir es."

Sie hielten ihr Versprechen und lebten von da an glücklich in dem großen, tiefen Wald. Jon und seine beiden Brüder lebten glücklich im Palast. Jon heiratete die Prinzessin, und seine beiden Brüder heirateten zwei Hofdamen, die der Prinzessin ganz besonders lieb und teuer waren. Nach einiger Zeit starb der alte König, und Jon wurde der neue König und ein guter dazu.

Und nun lebe wohl, Jon, denn wir sind am Ende der Geschichte angelangt.